图说区块链

神一样的金融科技与未来社会

徐明星
田 颖
李霁月
著

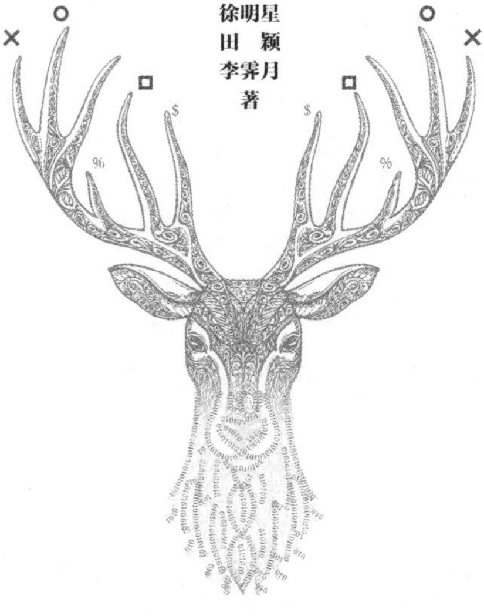

中信出版集团 · 北京

图书在版编目（CIP）数据

图说区块链 / 徐明星，田颖，李霁月著. --北京：中信出版社，2017.7（2019.11重印）
ISBN 978-7-5086-7750-7

I. ①图… II. ①徐… ②田… ③李… III. ①电子商务–支付方式–图解 IV. ①F713.361.3-64

中国版本图书馆CIP数据核字（2017）第116027号

图说区块链

著　　者：徐明星　田　颖　李霁月
出版发行：中信出版集团股份有限公司
（北京市朝阳区惠新东街甲 4 号富盛大厦 2 座　邮编　100029）
承 印 者：北京通州皇家印刷厂

开　　本：880mm×1230mm　1/32　　印　　张：9.25　　字　　数：220 千字
版　　次：2017 年 7 月第 1 版　　印　　次：2019 年 11 月第 13 次印刷
广告经营许可证：京朝工商广字第 8087 号
书　　号：ISBN 978-7-5086-7750-7
定　　价：59.00 元

目 录

推荐序

夯实通往区块链社会的基础

这个时代变化太快！互联网金融刚刚热了几年，金融科技（FinTech）便取而代之。比特币的矿工和炒家们刚刚结伙成帮，区块链（Blockchain）便登堂入室形成“链圈”。一波波新概念让我们眼花缭乱，在不断鼓噪的创新颠覆中，莫名的焦虑感笼罩着所有人。极客们彼此创造深奥晦涩的词汇来建立行业壁垒，把自己弄得云里雾里，失去了与正常人沟通的能力。普通大众则马不停蹄地参加各种论坛沙龙，如饥似渴地汲取新知，唯恐坠入智能时代的底层。

我就是这样一个焦虑症患者，一直关注比特币挖矿、极客的算法逻辑和区块链先知们的布道，不时沉浸在瞬间的快乐和间歇性沮丧之中。面对所有变化——金融的、艺术的、科技的、社会的，我们都会坚定地向往和跟随这些创新，即便大多数会走向失败，过程却是充满着大大小小的快活之处。区块链也会是这样的。

2016年夏天我参加了加勒比海内克岛（Necker Island）的区块链三天恳谈会。著名嬉皮士企业家理查德·布兰森（Richard Branson）邀请了十几个国家不同领域的人士在海浪和阳光沙滩的环抱中讨论区块链的应用。没错，这种时空穿越真是让人惊喜。这些来自政府、法院、情报系统、互联网、艺术、航天和环保机构的30多位彼此陌生的人士组织了十几场不同主题的讨论会，讨论抓捕逃犯、防范洗钱、保护艺术产权、确认交易真实性、防止贪污腐败、社会选举、地震救援和濒危生物的保护等，在感受到这些领域鲜活的具体成就的同时，也在体会一个共同的应用逻辑：这都是建立在大数据分析基础上自发组织、彼此交叉合作的成果，而且没有一个权威机构或企业在组织这个系统和过程。

按在场的一个年轻人的话，我们正在创造一个全新的信任协议，所有参与者都在编写制约我们行为的程序。没有上帝，没有国王，也没有政府和大公司这样的权威居高临下或者中心操控，而世界仍然在运行，而且更重要的是，革命正在发生。这个年轻人是亚历克斯·塔普斯科特，他刚刚与写过《维基经济学》等许多畅销书的父亲唐·塔普斯科特合作出版了新书《区块链革命》，现在其中文版在中国很畅销。2017 年 1 月，我与唐·塔普斯科特同台担任嘉宾，并邀约其今年夏天来中国金融博物馆讲演。

当时在内克岛的人几乎没有一位是技术专家，没有一位是比特币挖矿者，没有人懂得哈希算法和双花理论，但大家都信心满满地讨论区块链。很简单，制作电视节目的人不必关心电视信号如何发射和显现，设计手机的人也不需要了解 4G（第 4 代移动通信技术）的原理和每个零件的功能。对于打电话和看电视的消费者来说，更不必有什么深厚的技术储备。最后一天的晚会上，主持人提议所有人为区块链下一个定义，而且彼此不能重复，这真是有趣的游戏，几位来自非洲和德国的朋友，居然用歌声和Rap（说唱）来表达。几个核心词就是“信任”、“认证”和“价值转移”。区块链能实现价值转移，是超越信息转移的第二代互联网。当然，这只是当时的认知，今天我们已经大大丰富了对区块链的理解，而且每个人都拥有理解的权利，不需要来自某个权威的定义。

截至2017年3月，我可以在网上查到的区块链方面的中文书籍达到40种，估计还会有100本在2017年年底问世。如同当年互联网刚刚进入中国一样，普及书的泛滥也是浪潮的重要先声。当年的因特网和万维网等译名，陆续被互联网替代，极客们使用的区块链也可能被更好的译名所替代。互联网金融博物馆在2016年曾发动了两轮译名讨论，我和许多同道中人更欣赏“公信链”，不过，我也同意许多从事金融监管的朋友的意见，在中国目前的环境下，“公信”一词有可能被非法集资者滥用，还是留给监管机构判定吧。

区块链脱胎于比特币，作为底层技术被发掘和推广。比特币引发了广泛的社会关注，特别在中国当下这样一个执着于赚钱赢利的功利环境下，比特币迅速在金融和投资领域深度演绎着系列故事，也立即被高度监管。不过，区块链技术则破土而出，独立形成了一个更广泛的应用空间。如同互联网的TCP/IP协议一样，如果你不执迷于解码和编码，你就可以发现区块链技术远比浏览互联网和电商交易有更为广泛和深刻的应用。许多人将区块链视为一个巨大的分布式记账体系，所有人参与记账查账，无人有能力篡改。这很有道理，但区块链显然要远远超过记账的认证功能。

区块链说到底更是一种观念，用技术设计取代权威控制和情感信任，以此建立一种网络结构，所有人都可以参与成为无数节点之一，进行认证、确权、交易、追溯和调整等一系列动作，它公开透明，成本低、速度快、分布广，没有权威可以篡改伪造和取缔记录。我们可以充分想象今天的商业、艺术、司法、科技、政治乃至社会等各个领域中，这样一个建立在运算能力和技术架构上的网络文明社会基础设施将是多么不同。尽管它毫无情怀和冰冷冷地运作，但从根本上摈弃了狂热理想的驱使、自命权威的霸道、垄断财团的曲扭、民粹阴谋的盲动，商业诈骗和情感敲诈也会随之水落石出。无论我们是否喜欢，区块链理念所驱动的全新社会正在迅速形成，不仅仅在比特币和金融科技领域。这是社会生态的巨大变化，也是许多人提到的革命意义。

比特币的开发者中本聪是一个时代的里程碑，但随着社会大数据的深厚积累，以及计算机能力的空前突破，社会网络的多元和复杂——特别是“80后”一代人的生活态度和自由选择精神，形成了区块链社会的核心基础。我们也许很难预测区块链社会的未来支撑点，但它对我们现存社会生活方式的颠覆则是确定无疑的。重要的不再是对区块链的定义，而是我们如何了解和进入区块链社会。

区块链极客们开阔了我们的视野和思考逻辑，但区块链的广泛应用才是让无数学习者和创新者夯实通往区块链社会的条条大路。北京金融局率先支持区块链技术在防范非法集资和恶意诈骗领域的应用，推动中国区块链应用研究中心成为民间公益平台（2015年11月在北京成立，继而又开拓到浙江和上海等地）。2017年1月，中国区块链应用研究中心又组成代表团参加达沃斯论坛并参与创建了由25个成员组成的全球区块链商业理事会（GBBC），中国担任执行理事并主导区块链培训认证委员会，这是参与业界标准制定的重要机遇。

根据约定，中国区块链应用研究中心在2017年开始编制教材，开办面向区块链应用的公益性普及培训班，得到各界的广泛响应。仅经过三天的微信发布，就收到来自全国各地的170位朋友报名。中国保监会前副主席魏迎宁，中国区块链应用研究中心首任主席徐明星和新任主席邓迪等亲自授课，首期学员将得到全球区块链商业理事会和互联网金融博物馆的联合培训认证。目前，上海、珠海等地已经开始启动新一期培训。

区块链观念的普及和区块链应用的尝试取决于新一代创业者的积极参与，也取决于监管者的宽容和呵护。应本书编者邀请，我匆匆在其出版前写下寄语，期待与参与培训的学员们一起珍惜贴近前沿的机缘，共同努力，为之添砖加瓦，夯实区块链社会的基础。

中国金融博物馆理事长　王巍

01

起源篇

试着下个定义，谈谈偶然背后的必然

金融科技，一个现象级概念，随着新兴互联网与科技产业的高速发展，金融科技创新迎来“奇点式”的发展。其中，最引人注目的无疑是区块链技术。区块链是未来5年最有前景的行业之一，是全球各大金融机构和顶级银行都在大力投资和追逐的新兴领域。

说到区块链，我们首先要讨论的问题就是“为什么”，为什么区块链会这么火？凭什么认为区块链可以改变世界？在写这一章节前，我拜读了许多老师的著作，例如《区块链革命》《区块链金融》《商业区块链》《区块链社会》《区块链重塑经济与世界》等。各位行业专家从经济、商业发展、人类历史、技术变革等多方面阐述了区块链兴起的原因和其背后的逻辑。细细读过之后，真的是深陷于区块链的魅力之中不能自拔，而在这一章中，我将会选出最让我震惊的区块链神奇逻辑的 4 个角度（账本演变、价值转移、信用成本、技术创新）来谈一谈，究竟区块链为何诞生又是为何而来？

账本演变：一本账的兴衰发展史

区块链是 21 世纪最前沿的现象级概念，概述区块链最直接的词汇就是“分布式账本”，那么，我们就先从记账演变的角度

图 1–1　旧石器时代的记账

来探寻一下，区块链为什么会诞生，分布式账本技术又为什么会引起经济社会的变革？

我们首先把时间回溯到遥远的旧石器时代，在数万年以前，人们记账全凭智商，今天猎取了几头羊，吃了几头牛，全部靠死记硬背和心算。

之后呢，随着部落的人数越来越多，生产力也越来越高，于是开始出现用不了的东西，也就是生产者剩余。这个时候，部落里的经济需求也复杂起来，单靠脑袋计数已经满足不了，

图 1–2　记账的萌芽：刻画和绘图

于是，记录就成了必须要改善的事，人们发明了简单刻画和直观绘图两种方法。刻画就是用各种符号来记录，绘图就是把场景画下来。因此，记账的萌芽产生了。

到了后来，部落的人越来越多，需要记账的东西也越来越多，绘画和刻画这些费力又占地方的记录方式完全跟不上需求。于是，家喻户晓的结绳记事出现了，说起结绳记事，不止史书，中学的历史教科书上也有提及。结绳记事对记录对象、数量变化、最终结果都形成了确定的表现形式。这个时候，我们可以

图 1–3　记账的起源：结绳记事

看出，它已经表现出账簿记录的几个基本原理，这几乎可以称作账本的起源。

到了原始社会末期，生产力发展到了前所未有的水平，剩余物品越来越多，农业、畜牧业、手工业分工扩大，文字出现了，人们开始使用书契等文字叙述式的会计记录法，收支事项按照时间的发生顺序形成了流水账。

图 1–4　原始社会末期：流水账

之后，时间到了公元前 5 世纪，由于古希腊及古罗马奴隶社会的经济繁荣发展，流水账中出现了日记账和现金出纳账，也就是指按时间、物品名、人名、货币资金等分别设置的类似于账户的账本。这个时候，记账的历史就已经发展到了单式记账法时期。

图 1–5　单式记账法时期

接下来，我们就来说一说流通相对比较广泛的复式记账法了。中国的复式记账法起源于明末清初的龙门账，之后又发展成四脚账；而西方的复式记账法最早出现在 12—13 世纪，它存在于意大利的一些商人和银行家之间。[①]复试记账法不仅能够核

① 区块链技术在区域性股权市场的五大应用场景[EB/OL]. (2017–03–16) [2017–05–18]. http://www.51jrit.com/news/detail/6246.

算经营成本，还可以分化出利润和资本，可以说它保证了企业经营的持续性。

图 1–6　复式记账法时期

后来，到了 19 世纪，信息技术爆炸式发展，企业的所有者和经营者不再是一个人，大家都有看账本的需求，而且需要处理的工作也越来越复杂。比如我是这个企业最大的股东但是我不想管事，于是我聘请你作为职业经理人帮我管理这个公司，到了年终分红的时候，运营报告显示我该分得 1 000 万元，这个时候，我会说：“我想要看看账本。”

然后我一看，广告费投了 3 000 万元，比我一年挣的都多，于是我就开始怀疑你，这笔账你记得对不对啊，不会是乱写吧。不放心的我想出了一个办法，我雇用了一个由第三方协会认证的会计，专门负责帮我记账。这也就是记账历史的后续发展，当记账的需求增加，且存在着企业所有者与企业经营者因账目而引发的信任问题，会计这个职位就诞生了，之后，计算机技术的快速

图 1–7　19 世纪：会计的诞生

普及使会计行业走向了一个新的纪元，即会计电算化。

到了 21 世纪这个信息化、数据化、智能化的世界，我们的记账手段不断完善和创新，但是仍然存在信息不对称及信用问题。举个最简单的例子，在没有得到完全正确的公开信息时，你要如何信任一个会计或审计给你的账目呢？你是否会怀疑事务所和公司勾结做假账？为了解决这样的问题，区块链给了我们一个新的选择，也就是比特币的底层应用，它可以被看作一个分布式共享的账本。

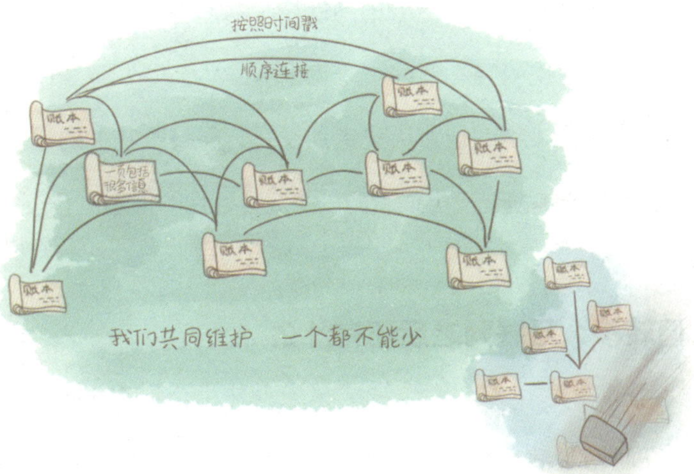

图 1–8　分布式账本

从账本演变的角度来看，区块链是一个分布式共享的账本系统。这个账本有以下三个特点：

1. 可以无限增加的巨型账本——每个区块可以视作这个账本的一页，每增加一个区块，账本就多了一页，这一页中可能会包含一条或多条记录信息；

2. 加密且有顺序的账本——账目信息会被打包成一个区块并加密，同时盖上时间戳，一个个区块按时间戳顺序链接形成一个总账本；

3. 去中心化的账本——由网内用户共同维护的，它是去中心化的。

区块链是人类的记账历史走到现在，科技给我们的最新的选择，它是账本演变史上最新的一个高可行性的形态。

价值转移：互联网之后还有什么

互联网是我们已经不再陌生的概念，它渗入我们生活的方方面面，可以让信息高速、低成本地传输，是一条信息高速公路，但是，它却无法传递一类特殊的信息，那就是货币，而区块链恰恰可以解决这样的问题，因为区块链是一种价值传输网络。

我们先来看一下互联网的诞生，1993 年，美国宣布了一项新的计划——国家信息基础设施，目的是建设一条信息高速公路，使所有美国人都能共享和使用信息资源，这就是我们现今互联网世界的雏形。

图 1–9　互联网的诞生

在互联网上，我们可以方便快速地生成信息并将其复制到任何一个地方，所有信息都是可以高效传播的，于是我们进入了一个信息爆炸的时代。为了满足人们对爆炸式信息的渴求，信息传输技术遍地开花，不断创新，比如云盘、断点续传技术等。

渐渐地，我们会发现，固然很多信息只须简单地复制粘贴就可以使用，比如视频、图片、声音等，但有些信息是无法复制的，复制后也没有意义。

图 1–10　价值转移如何解决

举个例子，我们把支付的钱直接复制给对方是不行的，而是要在付款账户上减去一些钱，在收款账户上增加一些钱，才能完成支付过程。一个视频可以被复制到另一个网站上，那么两个网站都可以看到这段视频，人们都可以分享。但一些只能转移而不能分享的有价值的信息往往需要信用背书。互联网很善于处理信息分享，却不能解决价值转移这件事。

我们来更简单地阐释一下价值转移这个概念，将某一部分价值从A地址转移到B地址，那么需要A地址精确地减少了这

图 1–11　中心化的第三方

部分价值，而B地址精确地增加了这部分价值。价值转移涉及A和B这两个独立的参与者，那么这个操作就必须同时得到A和B的认可，而且，结果还不能受到A和B任何一方的操纵，目前的互联网协议是不支持价值转移功能的，所以，目前的价值转移往往不是直接传输，而是由一个中心化的第三方来做背书。

现如今的中心化机构通过政府或者集团公司的背书，把所有价值转移的计算都放在一个中心服务器中进行处理，其中一定会涉及人的参与，而人的“有限理论”和“机会主义行为”往往会使整个系统变得不那么可信。那么一个最基本的问题又产生了，如何达成信用共识?

区块链技术就这样应运而生了，它可以在没有第三方信用背书的情况下，在一个开放式的平台上进行远距离的安全支付。区块链跨越多个遍布全球各地的节点，保存所有交易的历史记录。

而且，网络中所有授权的参与者都保存着一份完全相同的账本，一旦对账本进行修改，全部副本数据也将在几分钟甚至

图 1–12　区块链的信用共识

几秒钟内全部修改完毕。分布式账本中的每一笔交易都有一个独一无二的时间戳，这样可以防止重复支付的产生。

可以说，区块链可以构建一种纯粹的点对点的价值转移体系，在不需要各节点互信的情况下，区块链可以保证系统内数据记录的完整性和安全性，可以脱离第三方机构背书，有效地降低交易的复杂性和风险。

最后，我们不得不提一下区块链的另一个特性——可编程性，这是一个开源的技术。互联网的开放性创造了一个辉煌的

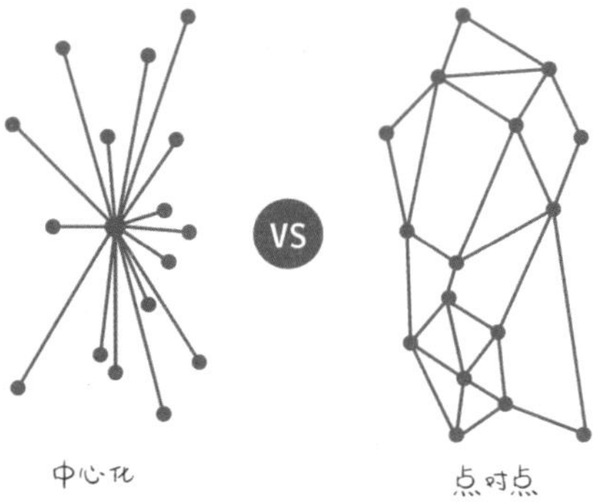

图 1–13　中心化 VS 点对点结构

互联网时代，那么，我们是不是也可以假设，开源的区块链技术也能开拓一个新的世界呢？

信用成本：你能记住多少人的脸

你有想过一个问题吗——你能记住多少人的脸？你有听过“e租宝跑路”事件吗？这些都会引入一个问题：信用共识。相信一个人需要什么成本？一旦公信力机构出现了问题，信任又将何处安放？

有一个人类学家在研究部落的时候发现，每一个部落都被控制在150人左右的范围，因为人再多一些的话，大家就记不住彼此了，记不住脸就感受不到亲近，感受不到亲近就培养不了信任，没有信任，部落之间的战斗和争端就永远不会停止。

图 1–14　部落时代的信任危机

在部落时代，或许只是因为在人群中多看了一眼，就会被打成熊猫眼，而到如今的互联网时代，为什么大家愿意去相信远在千里之外的一个卖衣服的商家，并且给他付款呢？因为在这个交易过程中，我们把信任托付给了国家机构或者大型企业，我们和卖衣服的人之间仍然是不信任的，但是，由于国家或大型企业的背书，我们愿意让其做个见证，这是一种比较常用的增加互信的方式。

图 1–15　互联网时代中心化信任

在那么多让人们增加互信的办法中，有一种拯救信任危机的利器正是区块链。区块链是比特币金融系统中的核心技术，它的实质是一个不断增长的分布式结算数据库，能完美解决信息系统中的信任危机。

它起源于下面的问题：你凭什么相信一个陌生人？别人凭

什么相信你？区块链用算法证明机制来保证这份信任。借助它，整个系统中的所有节点能够在信任的环境下自动安全地交换数据。与费时费钱的其他工具技术相比，它能实时自动撮合、强制执行，而且成本很低。

图 1–16　区块链带来智能化信任

与其相信人，不如相信技术。区块链技术带来的是一种智能化信任。我们举个例子，洪都拉斯政府用区块链技术建立了一套新的房地产契约登记和交易制度，因为之前洪都拉斯一直动荡，政府工作人员偷懒，以致登记不详或记录丢失，这类纠纷在全球都很普遍。有了区块链技术的安全加密保驾护航，人们就不用再担心政府腐败会导致自己的产权被篡改了。

图 1–17　政府腐败导致产权被篡改

未来，数字化的信息都可以加入区块链，只要能入链，信息产权就可以明晰，就可以设定保护条件，就能自动发起和强制实施交易合约，你也无须担心信任验证和信任的执行，因为区块链都帮你实现。

说完了信用成本的问题，我们再来看看e租宝事件，通过这个事件，我们来谈一谈公信力的问题。

2015年，有一家P2P（人人贷）公司把所有的规则都一起打破，它起于乱世，却死于疯狂的扩张和令人瞠目的犯罪手段，震惊了整个中国，这家公司的名字叫作e租宝。[①]在被调查之前，e租宝在各大卫视黄金时间进行了大量的广告投放，相当于利用公信力对具有高风险的互联网金融产品进行背书。当一群缺乏投资知识的投资人遇到了一群没有敬畏之心的投机者，悲剧就这样产生了。

图 1–18　e租宝事件

① e租宝背后的互联网金融之殇[EB/OL]. [2017–05–18]. http://weixin.niurenqushi.com/article/2016–03–07/4176154.html.

现实社会中，人与人、人与公司、公司与公司之间的交易需要公信力提供支撑。公信力意指在社会生活中，公共权力面对时间差序、公众交往以及利益交换时，所表现出的一种公平、公正、公开、人道、民主与责任的信任力。当前社会，公信力一般由政府、国家机关或政府授权的第三方组织来提供。[1]

区块链技术可以很好地满足公信力需求，并把公信力抽象

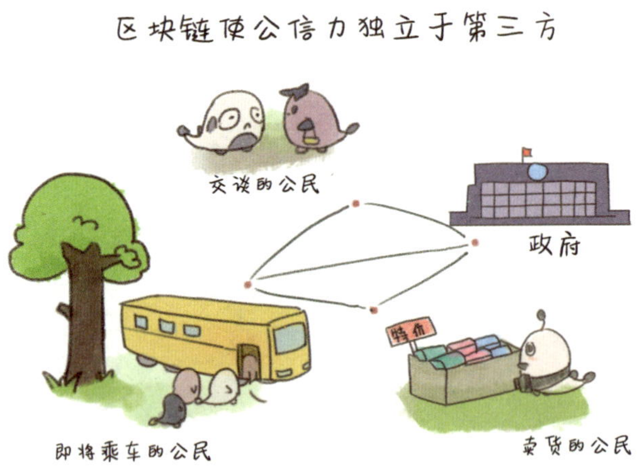

图 1–19　区块链公信力

① 蔡维德，罗佳.区块链所带来的公信力革命——以区块链对保险行业的影响为例[EB/OL]. (2015–12–15) [2017–05–18]. http://www.civillaw.com.cn/zt/t/?id=29937.

出来作为一个独立的而不是由政府或第三方组织掌控的存在，形成政府、大众、区块链与公信力互相监督的“公信新格局”。信任是建立在区块链上的，而非由单个组织掌控，从而公信力可以被多方交叉验证与监督。

区块链公信力有什么特点呢？

1. 区块链是分布式的，区块链公信力在网络上会有许多独立的节点，每一节点都有一份备份信息。每个有授权的人都可以从任意一个节点下载全部的信息，同时，区块链公信力网络也是不可篡改的，任何节点企图更改信息都会被其他节点发现，而更改的节点不会被确认，就会立刻丧失公信力。

2. 在区块链公信力模型中，区块链不制定政策，它只是一个公证人的角色，是政府建立和执行政策的工具。区块链的作用是帮助政府更快速和准确地让政策被全民所接受与认可，同时，因为区块链是一个不变的、可以被复制的数据库，政府的政策就变得公开和透明。

从信任的角度来看，区块链实际上是用基于共识的数学方法，在机器之间建立信任并完成信用创造。基于这样的特点，

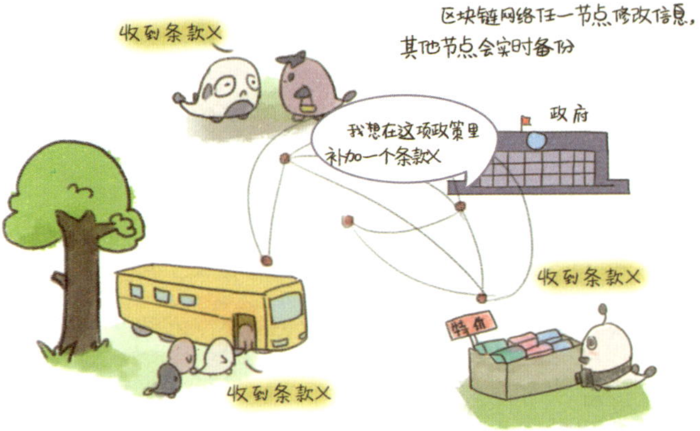

图 1–20 区块链公信力场景

其对公信力的提升也有着开创性的意义。《经济学人》杂志这样写道：区块链是一台创造信任的机器，可以说区块链最核心的问题就是解决信用共识的问题。

技术创新：从比特币到区块链

我们都知道，区块链是比特币的底层技术，可以说它是一种分布式数据存储模式，也可以说它是储存加密货币（例如比特币）的交易记录的公共账本。它的记录是加密的，被所有运行这个软件的机器所持有。

要说区块链就必然会讲到数字货币，毕竟区块链是为了满足比特币独特的需求才被创造出来的。而比特币则源于一个神秘的人物——中本聪。2008 年，中本聪发表了一篇论文《比特币：一种点对点的电子现金系统》，这篇论文堪称区块链技术和加密数字货币发明的基础。

图 1–21　比特币的出现

在这篇论文中提出了比特币的几个基本原则：

1. 一个纯粹的点对点电子现金系统，使在线支付能够直接由一方发起并支付给另一人，中间不需要通过任何金融机构。

2. 不需要授信的第三方支持就能防止双重支付，点对点的网络环境是解决双重支付的一种方案。

3. 对全部交易加上时间戳，并将他们并入一个不断延展的基于哈希算法的工作量证明的链条作为交易记录。除非重新完成全部的工作量证明，形成的交易记录将不可更改。

4. 最长的链条不仅将作为被观察的事件序列的证明，而且被视为来自CPU（中央处理器）的计算能力最大的池。只要大多数CPU的计算能力不被合作攻击的节点所控制，那么就会生成最长的、长度超过攻击者的链条。

5. 这个系统本身需要的基础设施非常少，节点尽最大努力在全网传播信息即可，节点可以随时离开和重新加入网络，并将最长的工作量证明作为该节点离线期间发生的交易的证明。

看完上述的观点和逻辑，你是不是已经相信这样的理论是可行的，无须中心化的干预或者参与，只要让网络扮演信用中介的角色，就能实现有效的点对点交易。依照这样的理论，第一个比特币交易系统产生了，第一个区块（“创世区块”）产生了，第一个比特币支付的案例产生了，至今，比特币已经安稳运行了 8 年，没有出现过技术上的严重失误。

图 1–22　比特币安稳运行 8 年

实际上，作为比特币的底层技术，区块链与比特币不是简单的“父子”关系，区块链也不是比特币的意外产物。区块链的产生是伴随着比特币而出现的，区块链体现了比特币的可供性，这种载体提供了一种更为广阔的交互可能性。

02

原理篇

信用共识带来的智能信任

今年春节回家的时候，我像往常一样应付着各种问题，诸如做什么工作的？什么时候结婚？一个月挣多少钱？但是，今年，我的答案似乎不能让他们满意，原因是当我说起我在一家区块链技术公司工作的时候，随之而来的是一个80%的人会追问的问题，什么是区块链？

我试图引用百度上的概念去解释，也试图告诉他们我们用区块链技术做了哪些厉害的事情，但是他们仍然不明白区块链是什么——不能简单点说吗？

于是，我意识到，百度上的概念以及学术杂志的解释或许不能让他们满足，于是我开始沉迷于博客、知乎，想看看大家都是如何解释区块链这个晦涩又抽象的概念。在这中间，有两篇文章对我的影响很深，一篇是知乎上的一个热门话题“如何向弱智室友解释区块链”，另一篇是博客频道用户“张童鞋”的一篇名为“区块链上的共识机制”的文章，在下面的阐述中我也部分引用了他们的观点并尝试了他们讲故事的方式。

讲一个故事，什么是区块链

区块链与骑自行车的人

2016 年，包括摩根大通、花旗集团、高盛集团、纳斯达克等在内的金融巨头，都表达了对区块链技术的热衷。这些巨头们热衷的区块链技术，又被称为分布式账本，那么分布式账本究竟是什么呢？我们先从另外一件事说起。

在纳斯达克成立之前，人们用自行车驮着装满债券的包，在华尔街骑来骑去，目的就是尽快完成清算。后来业务越来越多，自行车就忙不过来了。20 世纪 60 年代，华尔街每周只交易 4 天，每天 4 个小时，就是为了能让清算速度跟上交易量。

图 2–1　华尔街上骑自行车的人

这样发展下来，大家觉得不行啊，自行车肯定跑不过计算机。1971 年，有人就开会说，咱们想想办法吧，于是提出了 DTC（美国存管信托公司）清算系统。这个系统的办法就是所有的交易都要在系统内进行，包括经纪人也要接入这个系统，现在纳斯达克还在用。

很明显，它的问题只是换了一辆可以踩油门的自行车。我们常常看到一些影视剧里，皇上、一家之主的去世导致整个国家和民族陷入混乱甚至崩溃，根本原因就在于中央集权这种系统是没办法长存的。当交易足够多、经纪人足够多的时候，我们发现，这个系统也有瘫痪甚至崩盘的危险。

图 2–2 中心化的DTC清算系统

于是专家们想，自治式、分布式的系统会不会好一点呢？答案是肯定的。区块链就是一个分布式的账本，每个节点都可以显示总账，然后维护总账，而且不能篡改账本，除非你控制了超过 51%的节点，但这是不可能的。

再简单一点，假如你们家里有个账本，让你来记账。在以前，就是爸爸妈妈把工资交给你，让你记到账本上——想想还是有点小激动的。中间万一你贪吃，想买点好吃的，可能账本上的记录会少十几块，然后你想买个手机，账本上就少记录几千块。这只是举一个例子，我相信小时候大家都想从爸爸妈妈的口袋里拿点钱来花。

图 2–3　中心化的家庭账本

但有了分布式账本后，这些问题就不会有了，因为你在记账，你爸爸也在记账，你妈妈也在记账，他们都能看到总账，你不能改，爸爸妈妈也不能改，这样想买烟抽的爸爸和想贪吃的你都没办法啦。

区块链本质上是一个去中心化的分布式账本，其本身是一系列使用密码学而产生的互相关联的数据块，每一个数据块中包含了多条经比特币的网络交易有效确认的信息。

图 2–4　分布式家庭账本

中心化与去中心化

前面我们说到了区块链的本质是一个去中心化的分布式账本，那么，所谓的中心化又是什么呢？我们首先思考这样一个问题，你要在网上买一本书，交易流程是什么？

第一步：你下单之后把钱打给了支付宝。

第二步：支付宝收款后通知卖家可以发货了。

第三步：卖家收到通知后给你发货。

第四步：你收到货之后很满意，于是确认收货。

第五步：支付宝收到了你的通知并打钱给卖家。

图 2–5　中心化的交易流程

我们可以看出，在这个过程中，虽然你是在和卖家交易，但是整个交易都是围绕支付宝展开。因此，如果支付宝系统出了问题，比如天上降下来一块陨石，把支付宝的服务器全砸了，或者由于全球经济危机支付宝倒闭了，无奈的支付宝只好淡然地表示不存在这笔交易，那么这笔交易就会以失败告终，到时候买家卖家就会纠缠不清，双方无法自证。

图 2–6　中心节点毁坏会导致交易失败

模拟一个区块链小城市

为了说明去中心化的区块链是如何运行的，我们先把整个去中心化的分布式结构简化为一个极端的情况来探究。我们假设有一个去中心化的小城市，在这个城市里有 5 个可爱活泼的小伙伴，他们互相借钱的时候，是这么干的：

假设B向A借了1块钱，这个时候，城市里的人怎么办呢？A在人群中大喊："我是A，我借给了B 1块钱！"B也在人群中大喊："我是B，A借给了我1块钱！"

此时城市里的其他人C、D、E都听到了这些消息，他们拿出了手中的小账本并默默记下："某年某月某日，A借给了B 1块钱。"

图 2–7　去中心化城市的记账

当我们把一个去中心化的模型极度简化之后，我们就会发现，在这个只有5个人的城市中，已经建立了一个去中心化的系统，这个系统不需要银行，也不需要支付宝。这个模型不需要信任关系，也不需要一个拥有公信力的组织。当分布式结构中的每个人都记账的时候，篡改账本是不可行的。比如B突然不认账了："我不欠A的1块钱！" 这个时候，人民群众C或D或E就会站出来说："不对，我的账本上明明记录了你在某年某月某日向了A借了1块钱，并且没有查到你还款的记录。"

图 2–8　去中心化账本无法篡改

说到这里，你有没有发现一个问题，在这个模型中，所谓的 1 块钱根本不重要，也没有人在意，“1 块钱”已经变成了一个变量，它可以被替换成任何概念，只要大家承认这是一个有价值的东西即可。

比如A在这个城市中大喊一声：“我创造了一个巴拉拉能量！”城市中的其他人都听见了，于是大家纷纷在自己的小本子上记下“某人有一个巴拉拉能量”，大家甚至不用知道巴拉拉能量是什么，A竟然真的有了一个巴拉拉能量。之后呢？A还

图 2–9　巴拉拉能量的流通

能干什么呢？ A可以再大喊一声："我给了B一个巴拉拉能量。"只要城市中的B、C、D、E，即城市里的所有人都承认了这个交易，那么这个交易就真的成立了，虽然现实生活中并没有巴拉拉能量。

小城市里的几个问题

当然，区块链的世界不会这么简单，它还有其他的规则来相互制约，我们先来解决下面这几个问题：

问题一：凭什么帮你记账？

凭什么你对着天空大喊一声，别人就要帮你记账，别人的时间不要钱吗？别人的小本子不要钱吗？于是，为了让大家都帮我记账，我增加了一条新的规则，我决定给第一个听到我喊话并且将其记录在小本子上的人奖励。奖励机制也很简单，第一个听到我喊话并记录下来的人，可以得到一个巴拉拉能量的奖励。

这个巴拉拉能量不是白给的，是对你劳动的报酬，就像打工可以挣钱一样，你帮我记账，整个系统都会给你报酬。你要做的事情，有这样几点：首先，你要抢在所有人之前听到了我的喊话并记在了自己的小本子上；记录之后，你还要马上告诉整个城市里的人——这句话我记录完了，你们再记录也没有用了，别人就会放弃这笔赚钱的生意；与此同时，你还要做一件事，就是给自己的记录加一个独一无二的编号，然后把记录和编号一起喊出来，于是，下一个人再记录的时候，就会带着这个记录和独一无二的编号继续下去。

图 2–10　记账获得奖励

在这条新的规则开始实行之后，一定会有这样一些人，他们为了得到巴拉拉能量，开始屏气监听周围发出的各种声音，只为了能在第一时间记下一条新的记录。

这个时候，对区块链有所了解的读者是不是想到了这样的名词——“比特币挖矿”。没错，这就是比特币挖矿的简单说明。

关于比特币挖矿的话题，知乎用户“玲珑邪僧”的一篇文章举过一个更生动的例子，大致是这样的：单身男士们要找女朋友，“国民岳母”说，我有好多肤白貌美、乖巧可爱的女儿，这样吧，我给你们出一个旷世难题，解出一个就给你们其中一个姑娘的微信号。①

于是，单身男士们疯狂竞争，想破脑袋去解这道旷世难题。只要其中一位单身男士解出一道题，就立马得意扬扬地昭告天下，示威全部单身男士，这个姑娘的微信号是我的啦，先到先得，你们放弃吧。其他单身男士虽然已经算到一半了，但是没有办法，速度不够快啊，只好立马去解下一道题。

---

① 如何向你的“弱智室友”解释区块链？[EB/OL]. (2016–08–08) [2017–05–18]. http://mt.sohu.com/20160808/n463044051.shtml.

图 2–11 “国民岳母”的旷世难题

图 2–12 解出难题获得奖励

同时，首个成功破解旷世难题的幸运的单身男士不仅不用付一二十万元的彩礼，被其才华征服的“国民岳母”还会给这位单身男士一笔巨额财产做嫁妆，也就是比特币挖矿中的比特币奖励。

问题二：分叉问题听谁的？

在这一段的论述中，我们引用了知乎用户“汪乐–LaiW3n”的说法。在这个广阔的小城市里，一定还会存在这样的问题，B和C几乎同时记录完了，于是同时向天空大喊了一声，“这个编号 89757 的巴拉拉能量归我了”。但是，由于这个城市太广阔了，有的人会认为这个编号 89757 的巴拉拉能量归B，也有的人认为这个编号 89757 的巴拉拉能量归C，但是编号 89757 的巴拉拉能量只有一个啊，只有一个人能得到，怎么办呢？一人一半？当然是不可能的，这个时候我们会采用更原始简单的规则来解决，谁长听谁的。

在不加任何限制条件的情况下，这件事件会发展成这样：一部分人认为这句话是B说的，在听到这句话之后开始记账，之后他们所做的所有事情都是基于B有了编号 89757 的巴拉拉能量这个事实，并且随着这个信息一次次地传下去，这条信息链会越来越长；而另外一群认为C先说这句话的人，也会按照这样的趋势发展。

图 2–13　分叉问题听谁的?

这下事情严重了，原本是一条唯一的、编号顺序严谨的总信息链，在B和C喊出“这个编号 89757 的巴拉拉能量归我了”这句话之后，硬生生地分叉了！这还得了，要是这种情况延续下去，每个人手里的账本都变得不一样了，而且根本没法确定哪个是真的！

为了解决这个问题，小城市又追加了新的区块链规则，记录的时候必须顶格写，而且要保证，中心在离田字格上边缘 0.897 57 毫米的位置上，于是，每个人写字的时候都要拿刻度尺量好之后再写，这非常困难，每个人的记录需要 5 分钟才能完成，因此，写这句话所用的时间变得不同了。于是，只要有人高喊“我写完了！那句话是某某某写的”，其他正在写这句话的人便会停笔，然后在小本子上重新开始写“那句话是某某某写的，上一句的编号是 × × × ”。

图 2–14　每次记账的规则都很复杂

问题三：双花问题

双花问题是指一笔数字现金在交易中被重复使用的现象。

如果我同时向B和C都喊了一句，我给你一个巴拉拉能量，怎么办呢？巴拉拉能量只有一个，如何保证一个巴拉拉能量在实际的交易中只被支付了一次呢？

我们以比特币为例，中本聪在《比特币白皮书》第五小节中是这样说的，运行比特币网络的步骤如下：[①]

1. 新的交易向全网进行广播；

2. 每一个节点都将收到的交易信息纳入一个区块中；

3. 每个节点都尝试在自己的区块中找到一个具有足够难度的工作量证明；

4. 当一个节点找到了一个工作量证明，它就向全网进行广播；

5. 当且仅当包含在该区块中的所有交易都是有效的且之前未存在过的，其他节点才认同该区块的有效性；

6. 其他节点表示他们接受该区块，而接受的方法则是跟随在该区块的末尾，制造新的区块以延长该链条，并将该区块的随机散列值视为新区块的随机散列值。

---

① 黄峰亮.浅析比特币系统原理 [J].数字化用户，2014 (5).

也就是说，交易发生的一刻起，比特币的交易数据就被盖上了时间戳；而当这笔交易数据被打包到一个区块中后，就算完成了一次确认；在连续进行 6 次确认之后，这笔交易就不可逆转了；在比特币中，每一次确认都需要“解决一个复杂的难题”，也就是说每一次确认都需要一定的时间。

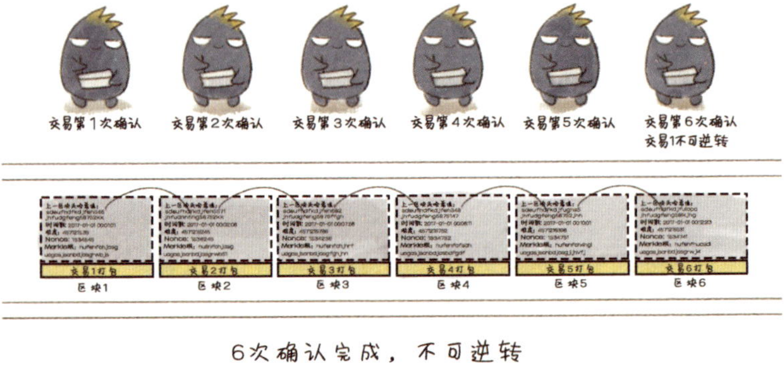

图 2–15　6 次确认后不可逆转

在这种情况下，当我试图于把一笔资金进行两次支付交易的时候，因为确认时间较长，后一笔交易想要与前一笔交易同时得到确认几乎是不可能的，而这笔资金在第一次交易确认有效后，第二次交易时就无法得到确认。区块链的全网记账需要在整个网络中达成共识，双花问题是无法产生的。

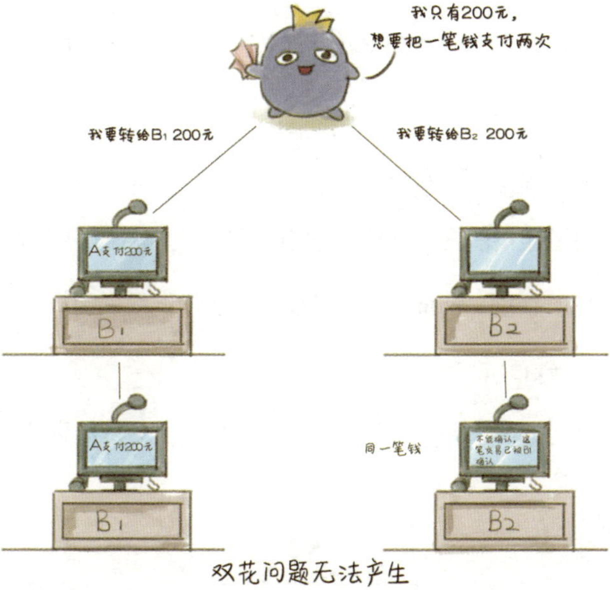

图 2–16　双花问题无法产生

讲一下原理，区块链如何运作

区块链的核心概念

在讲解区块链的工作原理之前，我们先将区块链中涉及的几个核心概念做一个简单的阐述。

一、区块

区块作为区块链的基本结构单元，由包含元数据的区块头和包含交易数据的区块主体构成。

区块头包含三组元数据：

1. 用于连接前面的区块、索引自父区块哈希值的数据；

2. 挖矿难度、Nonce（随机数，用于工作量证明算法的计数器）、时间戳；

3. 能够总结并快速归纳校验区块中所有交易数据的Merkle

图 2–17　区块头的结构

（默克尔）树根数据。

区块链系统大约每10分钟会创建一个区块，其中包含了这段时间里全网范围内发生的所有交易。每个区块中也包含了前一个区块的ID（识别码），这使得每个区块都能找到其前一个节点，这样一直倒推就形成了一条完整的交易链条。从诞生之初到运行至今，全网随之形成了一条唯一的主区块链。①

二、哈希算法

哈希算法是区块链中保证交易信息不被篡改的单向密码机制。哈希算法接收一段明文后，以一种不可逆的方式将其转化为一段长度较短、位数固定的散列数据。

它有两个特点：

1. 加密过程不可逆，意味着我们无法通过输出的散列数据倒推原本的明文是什么；

2. 输入的明文与输出的散列数据一一对应，任何一个输入信息的变化，都必将导致最终输出的散列数据的变化。

---

① 杨晓晨，张明. 比特币：运行原理、典型特征与前景展望[J]. 金融评论，2014(2).

图 2–18　哈希算法的两个特点

在区块链中，通常使用SHA–256（安全散列算法）进行区块加密，这种算法的输入长度为256位，输出的是一串长度为32字节的随机散列数据。[①]区块链通过哈希算法对一个交易区块中的交易信息进行加密，并把信息压缩成由一串数字和字母组成的散列字符串。区块链的哈希值能够唯一而准确地标识一个区块，区块链中任意节点通过简单的哈希计算都可以获得这个区块的哈希值，计算出的哈希值没有变化也就意味着区块中的信息没有被篡改。

① 唐文剑，吕雯.区块链将如何重新定义世界[EB/OL]. (2017–02–24) [2017–05–18]. http://www.jianshu.com/p/89275ffca97b.

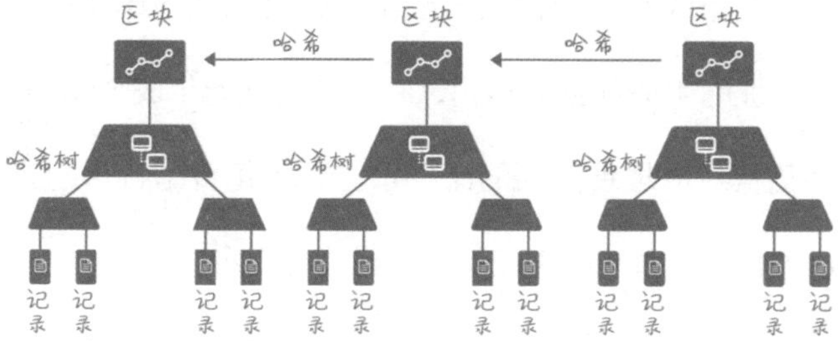

图 2–19　区块链中的哈希算法

三、公钥和私钥

在区块链的话题中，我们还经常听到这样的词汇——公钥和私钥。这就是俗称的不对称加密方式，是对以前的对称加密方式（使用用户名与密码）的提高。

我们用电子邮件加密的模型来简单介绍一下：公钥就是给大家用的，你可以通过电子邮件发布，可以通过网站让别人下载，公钥其实是用来加密/验章的。私钥就是自己的，必须非常小心保存，最好加上密码，私钥用来解密/签章，私钥由个人拥有。[1]

① 蚊子吃青蛙. 公钥和私钥[EB/OL]. (2013–01–09) [2017–05–18]. http://www.cnblogs.com/wenzichiqingwa/archive/2013/01/09/2853188.html.

在比特币的系统中，私钥本质上是32个字节组成的数组，公钥和地址的生成都依赖私钥，有了私钥就能生成公钥和地址，就能够花费对应地址上面的比特币。私钥花费比特币的方式就是对这个私钥所对应的未花费的交易进行签名。

图 2–20　区块链中的公钥和私钥

在区块链中，使用公钥和私钥来标识身份，我们假设区块链中有两个人，分别为小白和小黑，小白想向小黑证明自己是真实的小白，那么小白只需要使用私钥对文件进行签名并发送给小黑，小黑使用小白的公钥对文件进行签名验证，如果验证成功，那么就证明这个文件一定是小白用私钥加密过的。由于小白的私钥只有小白才能持有，那么，就可以验证小白确实是小白。

在区块链系统中，公钥和私钥还可以保证分布式网络点对点信息传递的安全。在区块链信息传递中，信息传递双方的公

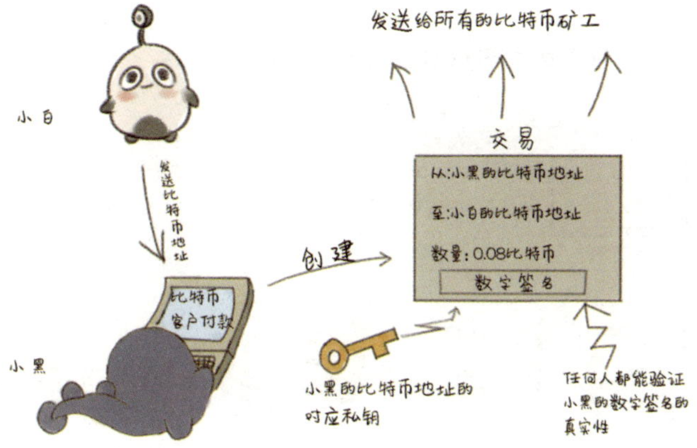

图 2–21　使用公钥和私钥完成一笔交易

钥和私钥的加密与解密往往是不成对出现的。

信息发送者：用私钥对信息进行签名，使用信息接收方的公钥对信息加密。

信息接收方：用信息发送者的公钥验证信息发送者的身份，使用私钥对加密信息解密。

四、时间戳

区块链中的时间戳从区块生成的一刻起就存在于区块之中，它对应的是每一次交易记录的认证，证明交易记录的真实性。

时间戳是直接写在区块链中的，而区块链中已经生成的区

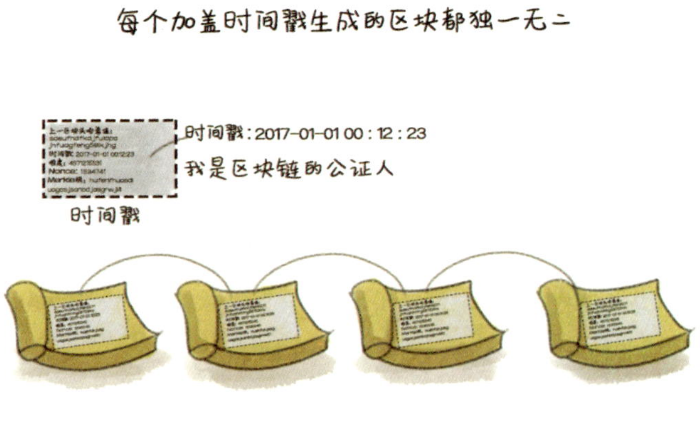

图 2–22　区块链中的时间戳

块不可篡改，因为一旦篡改，生成的哈希值就会变化，从而变成一个无效的数据。每一个时间戳会将前一个时间戳也纳入其随机哈希值中，这一过程不断重复，依次相连，最后会生成一个完整的链条。

五、Merkle树结构

区块链利用Merkle树的数据结构存放所有叶子节点的值，并以此为基础生成一个统一的哈希值。Merkle树的叶子节点存储的是数据信息的哈希值，非叶子的节点存储的是对其下面所有叶子节点的组合进行哈希计算后得出的哈希值。[①]

同样地，区块中任意一个数据的变更都会导致Merkle树结构发生变化，在交易信息验证比对的过程中，Merkle树结构能够大大减少数据的计算量，毕竟，我们只需验证Merkle树结构生成的统一哈希值就可以了。

① 蚊子吃青蛙.公钥和私钥[EB/OL]. (2013–01–09) [2017–05–18]. http://www.cnblogs.com/wenzichiqingwa/archive/2013/01/09/2853188.html.

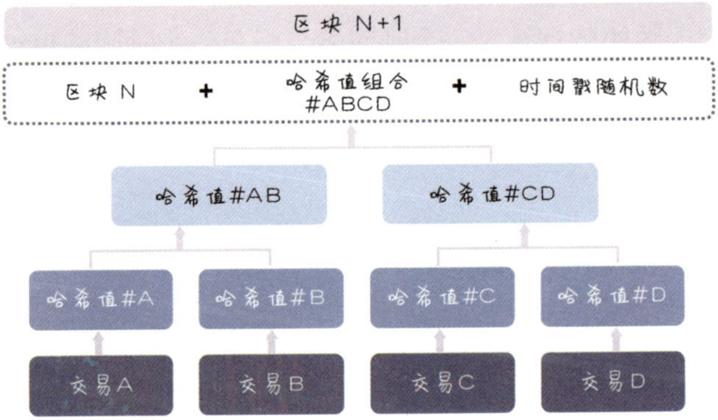

图 2–23　区块链中的Merkle树结构

从比特币病毒谈起

前文我们说到了区块链中的几个核心概念和定义，那么，区块链究竟是如何运行的呢？要解决这个问题，我们就不得不先从比特币开始聊起。说起比特币，许多人的第一反应就是比特币病毒。下面我们就从比特币病毒这一事件引入，聊一聊比特币究竟是什么，有哪些特性。

叙述一下全世界都知道的事

还记得被比特币支配的恐惧吗？

那一天，早上醒来，你发现屏幕上弹出一个丑陋的红框框。你异常激动，终于不用写论文了。

图 2–24　比特币病毒入侵

2017 年 5 月 12 日，网上发生了一件微小的事情，众多学校、医院的文档都陆续被一个叫“永恒之蓝”（WannaCry）的勒索蠕虫病毒锁住了：想看资料，可以；交钱，也不需要太多，300 个比特币就行。有人一看瞬间觉得，只用 300 个，这么少。其实，一个比特币的价格在中国差不多等于一万元，这还是因为中国的比特币平台正处于监管期不能提现，国外的价格就更高了。当然，对于个人用户来说，是不需要给这么多钱的，毕竟并不是谁都有 300 多万元的。

图 2–25　需要比特币赎金才能解锁

黑客想让大家用比特币支付，不过这事本身和比特币还真没什么太大关系。比特币就是一种币，本来安静地在旁边躺着，早上醒来却发现自己上头条了。截至 2017 年 5 月 16 日，已经有 150 多个国家的 30 多万用户受到“迫害”了，而且，有消息显示，“永恒之蓝”病毒已经升级为 2.0 版本了，新版本病毒不受域名限制，传播性更高。

图 2–26 “永恒之蓝”

那么，这个比特币病毒究竟是什么东西呢？它可以被视为由两种东西混合开发出来的神奇病毒——加密算法勒索病毒和“永恒之蓝”黑客工具。“永恒之蓝”黑客工具负责开道，不需要点击直接入侵别人的电脑，然后加密算法勒索病毒垫后，对你的文件加密之后再进行勒索。

比特币病毒从何而来

加密算法勒索病毒其实是个“老朋友”了，世界上第一个有记录的勒索软件 Cryptolocker 诞生于 1989 年，它其实就是一种用加密算法来勒索钱财的程序，后来，病毒制造者没几天就被抓获了。

图 2–27　Cryptolocker病毒制造者被抓获

其实，Cryptolocker最开始是很好破解的，因为它最开始使用的是对称加密算法，编个程序逆向破解一下就可以了，但是，现在流行的勒索病毒Wallet、Onion使用的却是非对称加密算法。非对称加密算法的加密和解密过程使用两个密钥，因此，单纯靠逆推是不可行的，我们在后面会具体讲解一下。

然而，这次的黑客不仅改进了勒索蠕虫病毒，还搭配了一个“好伙伴”——“永恒之蓝”黑客工具，不需要你点击任何链接，它就可以直接占领你的计算机。“永恒之蓝”病毒还有一个美丽的传说，据说它原本是美国国家安全局用来窃取其他国

图 2–28　非对称加密算法无法逆推

家信息的工具，是“美国武器库”中的一种。美国国家安全局旗下有一个黑客组织叫“方程式组织”，负责替美国政府做一些

图 2–29　“美国武器库”的传说

不可告人的事情，后来，因为闻名天下的伊朗核试验的“震网”事件以及后来的“棱镜门”事件逐渐为人所知。

后来，有个叫“影子经纪人”的黑客团队，把“美国武器库”破解了。然后，他们在网上拍卖，想把这些“武器”换成钱。然而，没人理他们，于是，他们发起众筹，企图利用这些“武器”赢利，依然没什么人理他们。最后，一气之下，在2017年4月14日，他们直接把这批“武器”公开了。于是“永恒之蓝”黑客工具和加密算法勒索病毒就成为一款“杀伤性武器”。

图 2–30　影子经纪人的传说

当然，这件事只是一个美丽的传说，美国国家安全局也没有承认，所以，“永恒之蓝”究竟从何而来众说纷纭，并没有实际考据。

这个病毒什么时候能破解

首先，“永恒之蓝”黑客工具是利用Windows（微软公司的操作系统）漏洞来攻击的，也就是说，只要更新Windows补丁，并开启防火墙的主动防御，基本上，这个工具就没有了生存的

图 2–31　升级防火墙

土壤，然而，Windows漏洞总是不断更新，说不定什么时候黑客搭配一个攻克新款漏洞的工具，就又生出了各种变种病毒，比如“永恒之红橙黄绿青蓝紫”之类的。

我们知道，勒索病毒使用非对称加密算法进行加密，其最突出的特点就是不可篡改和不可逆，加密和解密过程使用的是两个不同的密钥。

图 2–32　非对称加密算法不好破解

现在的计算机无法完成倒推所需要的计算量，或者说，算出来的成本太高了。现在全球热议的最领先的区块链技术使用的就是非对称加密算法，也就是说，黑客是站在时代最前沿的科技的肩膀上设计密码，我们想要破解没那么容易。

图 2–33　站在巨人的肩膀上

我们可以回想一下那个家喻户晓的“熊猫烧香”病毒最后是怎么被破解的？写病毒的黑客被抓住之后，自己编了套程序破解了，而这次的情况也类似，最可能的解决方法就是，把黑客抓住之后，让黑客把他手里的密钥交出来，我们输入密钥之后就可以解封了。

图 2–34　黑客交出密钥

为什么只要比特币

黑客到底什么时候会被抓到，怎么抓？这就涉及我们探讨的第三个问题了，为什么黑客非要用比特币支付呢？因为比特币的匿名性，换句话说，你不容易抓住他。比特币是一种网络虚拟货币，可以在全世界流通，具有匿名性，这便于黑客隐藏身份。你不需要知道对方是谁，只需要一个比特币地址就可以点对点地给对方打款。同时，比特币的世界性和流动性也是黑客选择比特币的理由，比特币在数字货币中占有最大的份额，它在全世界中拥有很多“粉丝”，很多国家都承认了比特币的合法地位，一些大型企业也接受比特币支付。

图 2–35 比特币的全球性

但是，黑客想要逃脱法网也不是那么容易的，因为比特币的特点之一就是不可篡改，所有的记录都是无法篡改的，并且公开可查。一旦黑客公布的比特币地址收到了比特币，那么账本上就多了一笔记录，每个人手里的账本会同步更新。每个人都能查到这个记录，之后这个地址的各种转账、提现记录也都是可查的。只要黑客进行了比特币提现这类需要和现实交互的操作，就一定会露出蛛丝马迹。

图 2–36　比特币交易记录公开可查

实际上，在大多数情况下比特币本身并不是百分之百匿名的。发送和接收比特币，就像作者用笔名发表作品一样。如果一个作者的化名和他的身份联系在一起，他曾经写下的任何东西都会与其联系在一起。

对于个体来说，比特币的匿名性与你接收比特币的钱包有关。涉及该地址的每一项交易都将永久保存在该区块链中。如果你的地址和你的真实身份相关，那么每一项交易都会和你有关。

现在，许多国家都把比特币交易平台纳入监管范围，交易

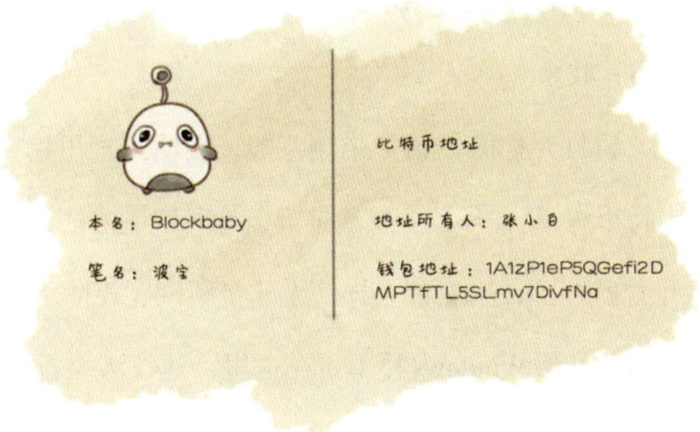

图 2–37　比特币并不是百分之百匿名

需要多重实名认证。因此，只要黑客露出与现实相关的蛛丝马迹，就有可能被抓到。

图 2–38　多重实名认证

怎么预防“永恒之蓝”病毒

第一招：搜索

现在，请打开你的任何一个浏览器，在输入框里输入“如何预防比特币病毒”，你就会发现铺天盖地的解决方法，随便找一个点开看就行了，毕竟都一样，无非是断网、设防火墙、阻止445端口、升级Windows补丁。在这里，建议大家都养成长期打开防火墙的习惯，虽然Windows的防火墙总是时不时弹出，但是，安全终归最重要。

图 2–39　第一招：搜索

第二招：以毒攻毒

预防了这次的病毒攻击，下次再遇到怎么办呢？你可以尝试这么操作：黑客不是要加密我们的重要文件吗，比如后缀为 doc（文档）、xls（电子表格）、ppt（演示文稿）、psd（图片文件）之类的文件；而对于一些冷门格式的视频和种子文件，黑客总不会加密吧，所以，除了重要文件要多备份几遍之外，我们还可以把所有的重要文件做成压缩包，然后改成一个莫名其妙的格式（比如后缀为“modv”）。当然，这一招并不能完全断绝重要文件被破坏的可能性。

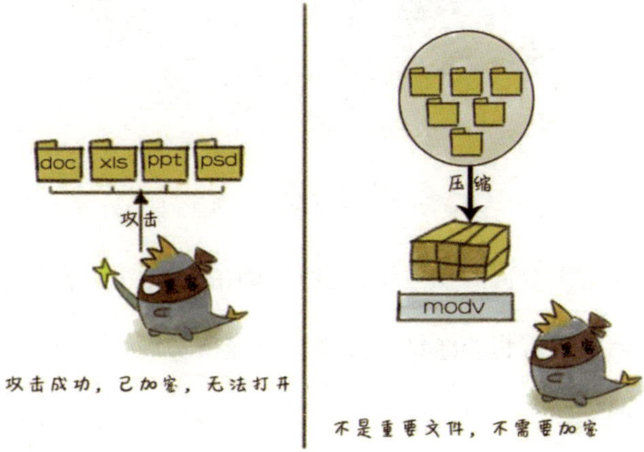

图 2–40　第二招：以毒攻毒

第三招：占坑抢位

这一招最绝的一点就在于，走黑客的路，让黑客无路可走，所以适用于程序员：自己编一套经非对称加密的“病毒程序”，把自家电脑的文件都加密，密钥保存在自己手里，每次查看前先输一遍密钥。这样就是麻烦点，但是它有用啊！“此坑是我的，想毒我，没门儿！”

图 2–41　第三招：占坑抢位

最后需要说的一点是，目前中国的比特币平台是不能提现的，因此，若想要缴纳赎金也需要谨慎考虑。毕竟，我们并不知道缴纳赎金之后是否能百分之百地解锁并免受病毒的二次入侵。面对病毒，我们需要冷静，再冷静啊。

图 2–42　缴纳赎金后解锁失败

其实，作为和区块链、比特币相关的从业者，从病毒暴发的那一刻开始，我就收到七大姑八大姨的各种电话问候：听说你们公司研究的玩意儿都成病毒了，你们公司不会跑路吧……白天被各种围追堵截询问：您好，请发表一下对此事的看法，到底什么时候才能抓到？

比特币之所以被黑客当作勒索的工具，确实是因为它具有匿名性、去中心化等方便黑客隐藏身份的某些特性，但我始终认为，技术本身是无罪的，比特币抑或区块链都不应该背黑锅。

图 2–43 技术本无罪

比特币的工作流程

如图 2–44 所示，在区块链中，所有的节点向上回溯，都会

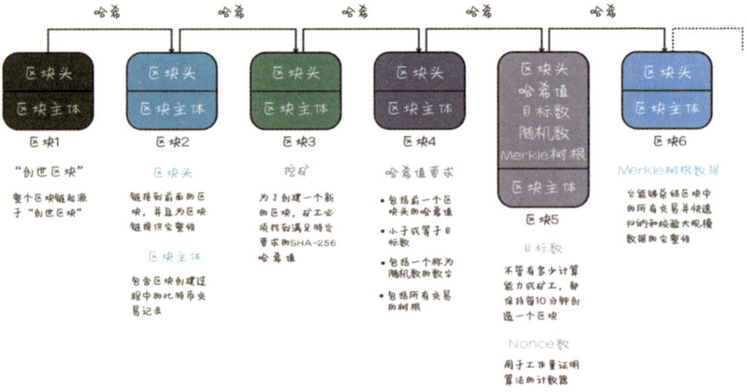

图 2–44 比特币工作流程

到达源头，即区块链中的第一个区块，也就是“创世区块”。

在“创世区块”诞生之后，比特币的用户通过不断地“做题”，即通过计算寻找满足特定SHA–256哈希值对应的数值解。这个过程就是比特币中的“挖矿”。①

当任意一个用户优先计算出符合要求的数值解时，就会在全网范围内广播，而网络中的其他节点收到这条信息会进行验证，若通过验证，其他节点就会放弃计算，并将新创建的区块

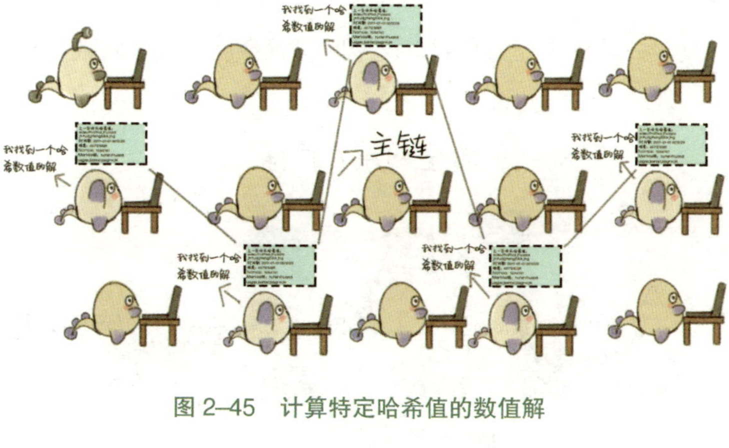

图 2–45 计算特定哈希值的数值解

① 区块链运行原理[EB/OL]. (2017–03–14) [2017–05–18]. http://www.51jrit.com/news/detail/5821.

加到前一个区块的后面。

随着越来越多的人加入比特币的区块链系统，一个又一个哈希值的数值解被找到，在不断重复的过程中，新的区块不断地生成、验证，最终形成一个主链。同时，哈希算法的难度也会调整，以此控制用户们解出数据所用的时间。

而在比特币的实际交易过程中，假设比特币中的用户A和B之间要完成一个交易，包含这笔交易的区块向区块链中的所有用户发布广播，全网用户通过验证哈希值来确认这笔交易是否有效，一旦被认证为有效，这个区块就会被加盖时间戳，然后

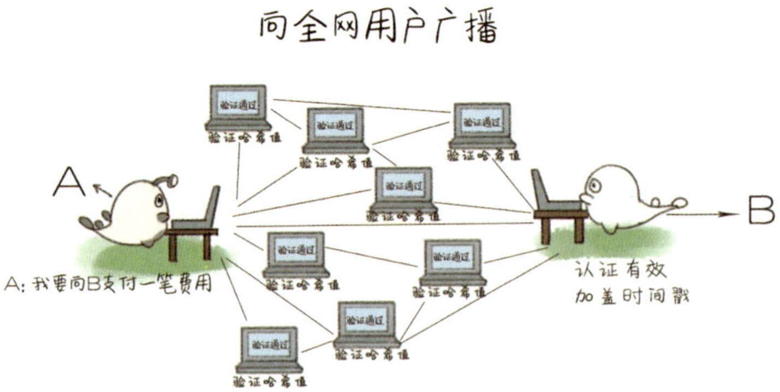

图 2–46　加盖时间戳

被添加到区块链主链上。

区块链的本质是一个互相验证的公开记账系统。这个系统所做的事情，就是记录所有账户发生的所有交易。每个账号的每笔数额变化都会被记录在全网总账本中。而且每个人手上都有一份完整的账本，每个人都可以独立统计出有史以来比特币系统每个账号的所有账目，也能算出任意账号当前余额是多少。①

由于所有数据公开透明，任何人都可以去查看它的源代码，人们便会信任这套去中心化的系统，而不担心里面是否隐藏着什么阴谋。

比特币会硬分叉吗

2009 年比特币诞生，如今，其市值已达数百亿美元，众多人为之疯狂（注意，根据政策规定，比特币不是货币）。最近，有人预测，比特币到了不得不分叉的时候，甚至可能会暴跌。

---

① 比特股（BTSX）投资白皮书 V1.1[EB/OL]. (2014–09–16) [2017–05–18]. http://www.docin.com/p–924681871.html.

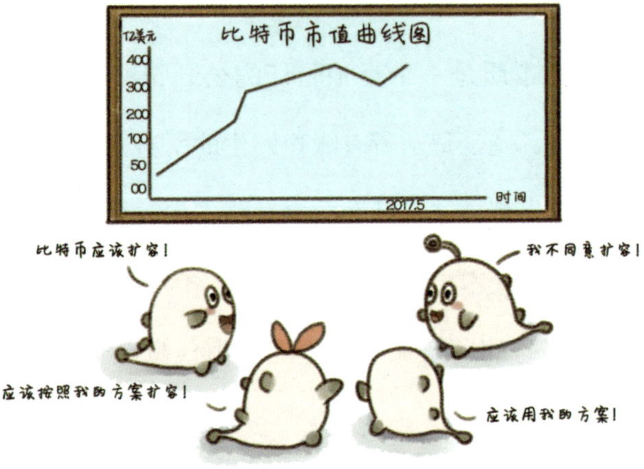

图 2–47 比特币会分叉吗

一、中本聪拍了下脑袋

中本聪在设计比特币的时候，是 2009 年，那个时候数据能有多少？更何况也没有多少人使用比特币。于是他一拍脑袋决定了，比特币中一个区块的容量就是 1M（兆字节）吧。而一笔交易是 250 字节甚至更多，现在一些交易基本达到了 500 字节。容量不够用啊！

我们来算笔账：

比特币一个区块的容量是 1M，

1M=1 024KB（千字节）=1 048 576 字节，

那么一个区块包含的交易总数为：1 048 576 ÷ 250 ≈ 4 194.3（笔）。

比特币中一个区块确认的时间是 10 分钟，

10 分钟=600 秒，

那么一个区块每秒能处理的交易数为：4 194.3 ÷ 600 ≈ 7（个）。

图 2–48　1M的容量不够用

如果一个区块每秒只能处理 7 笔交易，要是交易数据再大点，可能连 7 笔都达不到。这样会造成一个结果，比特币上的交易拥堵而缓慢。一笔交易发生之后，前面还有好多交易在排队等待确认，到底要等到什么时候啊？总有一天堵塞到一定程度就会超过容量极限，然后就崩溃了！

图 2–49　区块需要扩容

二、扩容方案意见不一

出了问题怎么办呢？改啊！

怎么改啊？ 中本聪消失了啊！

那找谁啊？中本聪把系统维护交给了 5 个极客！

哦，怎么改啊？

听我的，改成 2M；不，听我的，改成 20M！

很多人代表各方的利益群体提出了自己的扩容方案！

1. Bitcoin Classic（比特币经典版），此方案认为应该将这个字段的最大值调到 2M，并且以后有计划取前 2 016 个区块大小的中位数再乘一个约定好的倍数来决定下一批区块的大小上限。

2. Bitcoin XT（比特币新版），此方案认为这个值应该修改为 20M，并且每两年翻一番，直到上限值达到 8.3G（千兆字节）。

3. Bitcoin Unlimited（比特币无限版），此方案认为这个值多大都行，甚至可以无限大，由矿池决定其大小。

图 2–50　扩容方案意见不一

每个人都觉得自己是对的，谁也说服不了谁，怎么办啊？比特币不升级了？不行啊，还是要升级的！那么问题就来了，要是做出来一个升级版本，所有人都直接升级成了新版，就没有分叉问题了，全世界大升级大和谐啊。但是，有人的地方就有纷争，有的人升级，有的人不升级。这可好了，乱套了，用的系统都不一样，那要如何统一呢？

图 2–51　方案不同可能会导致分叉

不同的理念催生出了多种扩容方案，各个方案间无法统一，于是比特币分叉了。其实，随着时间的流逝，方案所提出的容量大小也随之增长，莫非，这不是价值观的原因而是世界观的原因？

三、硬分叉和软分叉

分叉怎么还分软硬呢？简单来说就是兼容性的不同，软分叉是暂时的，硬分叉是永久的。

区块链发生永久性分歧，在新共识规则发布后，部分没有升级的节点无法验证已经升级的节点生产的区块，通常硬分叉就会发生。

图 2–52　硬分叉结构图

硬分叉的定义是这样的：硬分叉是指比特币的区块格式或交易格式（这就是广泛流传的“共识”）发生改变时，未升级的节点拒绝验证已经升级的节点生产出的区块，不过已经升级的节点可以验证未升级节点生产出的区块，然后大家各自延续自已认为正确的链，所以分成两条链。[①]

图 2–53　硬分叉是什么

硬分叉的特点如下：

1. 没有向前兼容性，之前的版本将不可再用，需要强制升级；

2. 在区块链层面会有分叉的两条链，一条旧链，一条分叉新链；

---

① 比特币技术帖：什么是共识、分叉、兼容性？[EB/OL]. (2016–10–11)[2017–05–18]. http://business.sohu.com/20161011/n469963760.shtml.

3. 需要在某个时间点全部同意分叉升级，不同意的将会进入旧链。[①]

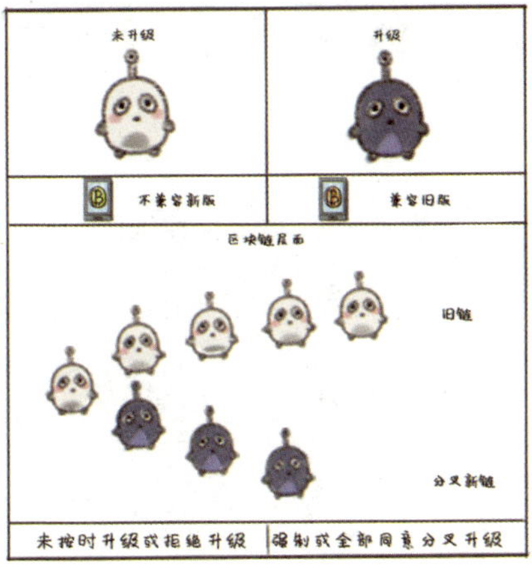

图 2–54　硬分叉的特点

当新共识规则发布后，没有升级的节点由于不了解新共识规则，就会生产不合法的区块，从而产生临时性分叉。

软分叉的定义是这样的：

软分叉是指比特币交易的数据结构发生改变时，未升级的

① 硬分叉扩容不能保证 100% 一定不分裂，而软分叉可以 [EB/OL]. (2016–10–09) [2017–05–18]. http://8btc.com/thread-40509-1-1.html.

图 2–55　软分叉结构图

节点可以验证已经升级的节点生产出的区块，而且已经升级的节点也可以验证未升级的节点生产出的区块。[①]

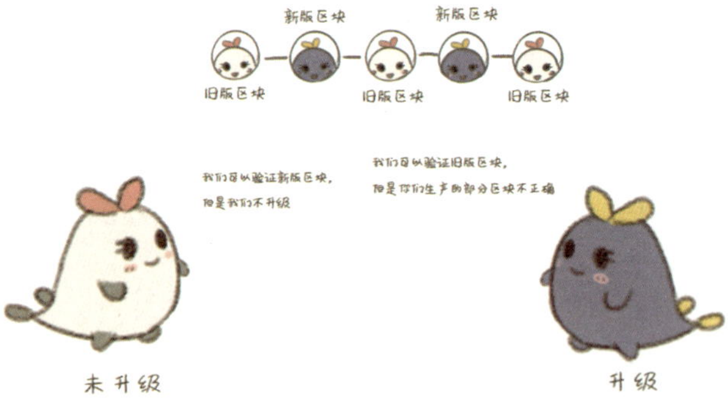

图 2–56　软分叉是什么

① 比特币遭遇成长之痛是解决拥堵还是彻底分裂？[EB/OL]. (2017–03–21) [2017–05–18]. http://forex.cngold.org/c/2017–03–21/c4886602_2.html.

软分叉的特点如下：

1. 有较好的兼容性，之前版本的部分功能可用，可不升级；

2. 在区块链层面没有分叉的链，只是组成链的区块有新区块和旧区块之分；

3. 相当长的时间里，可允许不进行升级，继续使用原版本生成旧区块，与新区块并存。

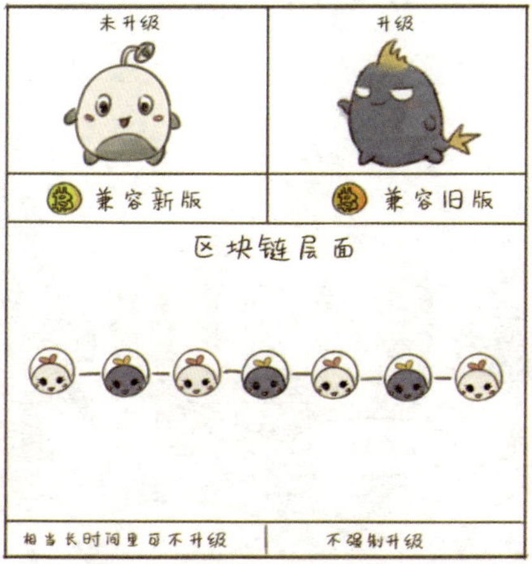

图 2–57　软分叉的特点

四、举几个有趣的例子

我们模拟一种极端的情况，抽象出一个比特币王国来解释所谓的新系统的兼容性问题。在遥远的岛上，有一个比特币王国，大家相安无事地生活了很多年，由于王国设施陈旧，存在着这样那样的问题，于是大家开始讨论解决方案。

有人觉得应该推翻了重新修葺，并且上书了一本“如何建造一个华丽的王国”的奏书，里面有九九八十一种推翻重建的方案。有些人认为补补窟窿，刷刷墙还是勉强可以看，根本不用大动干戈。两派争论不休，无法达成一致，这就引起了分叉。

图 2–58　比特币王国的例子

什么情况下会出现硬分叉呢？派系争论不休，于是开始各干各的。提议推翻重建的人雇了几十个民工，新的建筑焕然一新，王国里新旧建筑的风格相当不统一。这就相当于比特币世界里的硬分叉，表现在比特币世界里就是从新的节点开始，分成了两条链——旧链和新链，两条链互不兼容。

图 2–59　打个比方说明硬分叉

软分叉会出现什么结果呢？派系争论不休，但要求重建的一派有了妥协的意愿，同意让装修装饰派试一试他们的方案。于是装修队开始对墙上的破洞进行修补，把陈旧的颜色换成鲜艳的颜色。这时，王国里正常的生活仍然在继续。新旧面貌共存。表现在比特币上就是未升级的节点按照以前的规则继续计算，但已经升级的节点仍然按照扩容后的规则计算。因此，Bitcoin Core（比特币核心钱包）主张的Segwit（隔离见证）升级后，比特币依旧是比特币，不会有新的币种诞生。

图 2–60　打个比方说明软分叉

五、分叉有什么影响吗

说到影响，我们看看近来比较成功的一次分叉。

2016年7月，以太坊开发团队通过修改以太坊软件的代码，在第192 000区块，强行把The DAO（分布式自治组织）及其子DAO的所有资金全部转到一个特定的退款合约地址从而“夺回”黑客所控制的DAO合约的以太币。

之后，便形成两条链，一条为ETC（原链），一条为新的ETH（分叉链），以太坊成功地硬分叉了！

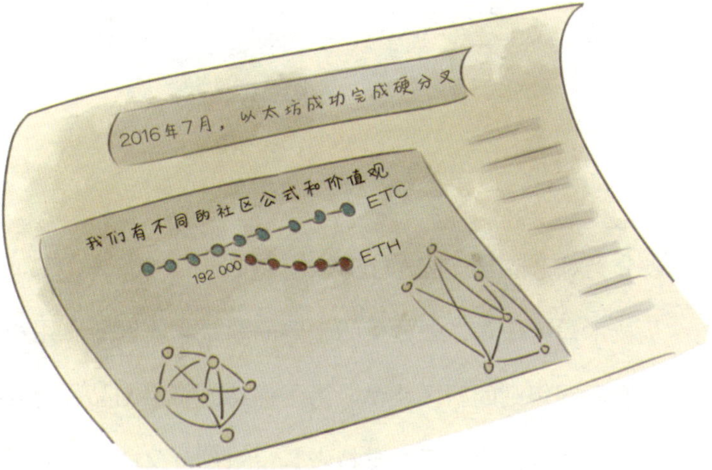

图2–61　以太坊的硬分叉

硬分叉对比特币矿工的影响：

硬分叉这事能闹起来，矿工绝对出了大力气。一旦分叉，矿工挖矿便简单了，可以挖到更多币了，多开心啊，但是，他挖出来的币值不值钱还得看有没有人买，毕竟市场决定价格。

图 2–62　对矿工的影响

硬分叉对比特币产业链的影响：

从技术角度来看，硬分叉的主要问题是它需要所有用户转移到具有不同规则的新区块链。为了保持比特币的品牌价值和对比特币的信仰，比特币的支持者是反对硬分叉的。如果真的硬分叉，将会掀起一场彻底的网络战和舆论战。

硬分叉对币价的影响：

再说一句，分叉后比特币的币价是涨还是跌，前景究竟会

图 2–63 对产业链的影响

如何发展，由市场的选择决定。按常理来看，估计分叉后比特币会先暴跌一场，然后分叉后的两个币种经过时间的洗礼后会

图 2–64 硬分叉对币价的影响

渐渐回归理性，毕竟分叉后的“1+1”肯定不等于 2。

比特币分叉仿佛是一个一旦开始就永不会落幕的会议，但这也正是去中心化的比特币的魅力之所在。

区块链的工作原理

那么，区块链究竟是如何工作的呢，如图 2–65 所示，我们

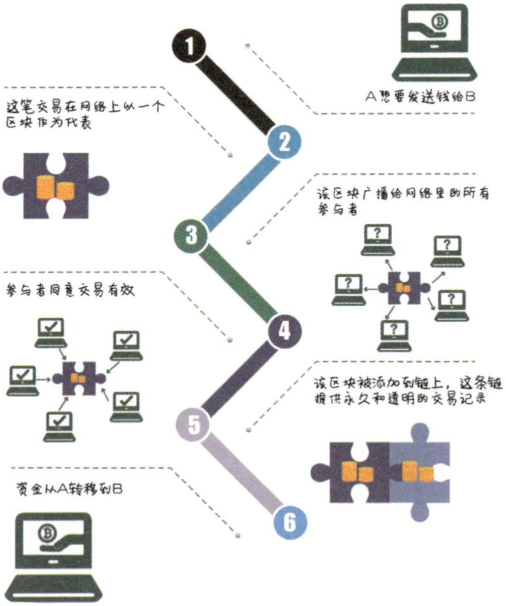

图 2–65　区块链的工作原理

假设A和B之间要发起一笔交易，A先发起一个请求——我要创建一个新的区块，这个区块就会被广播给网络里的所有用户，所有用户验证同意后该区块就被添加到主链上。这条链上拥有永久和透明可查的交易记录。全球一本账，每个人都可以查找。

区块链技术实际上是一个分布式数据库，在这个数据库中记账不是由个人或者某个中心化的主体来控制的，而是由所有节点共同维护、共同记账的。所有的单一节点都无法篡改它。

如果你想篡改一个记录，你需要同时控制整个网络超过51%的节点或计算能力才可以，而区块链中的节点无限多且无

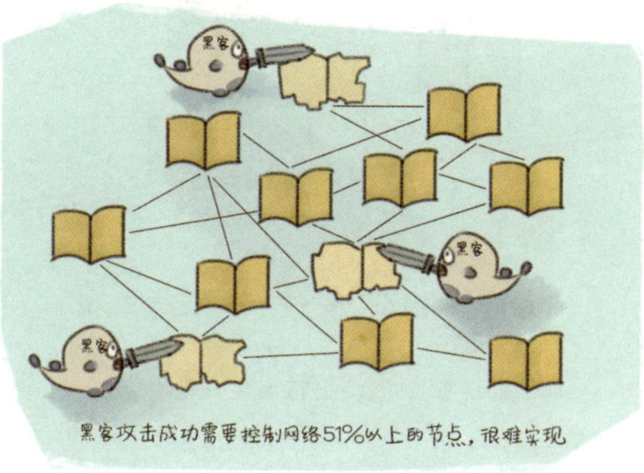

图 2–66　篡改账本无法实现

时无刻都在增加新的节点，这基本上是不可能完成的事情，而且篡改的成本非常高，几乎任何人都承担不起。

区块链的四大特点

经过无数次的记账，区块链就成为一个可信赖、超容量的公共账本。它具有以下几个特征：①

1. 去中心化：在一个去中心化的金融系统中，没有中介机

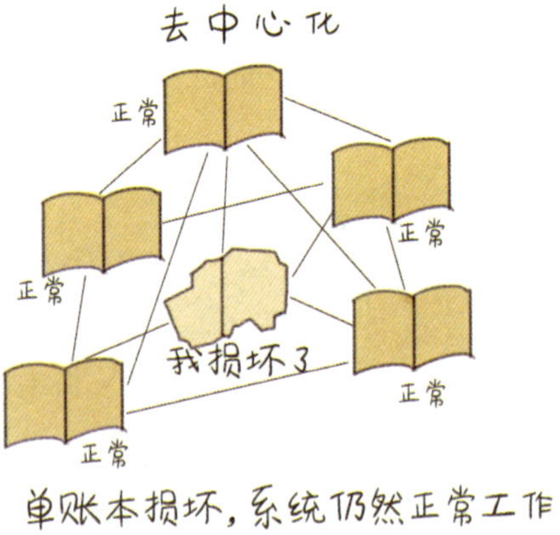

图 2–67　区块链特点之去中心化

① 区块链技术详解[EB/OL]. (2017–02–15) [2017–05–18]. https://wenku.baidu.com/view/1321bb5e326c1eb91a37f111f18583d049640f3f.html.

构，所有节点的权利和义务都相等，任意节点停止工作都不会影响系统整体的运作。

2. 去信任：系统中所有节点之间无须信任也可以进行交易，因为数据库和整个系统的运作是公开透明的，在系统的规则和时间范围内，节点之间无法欺骗彼此。

图 2–68　区块链特点之去信任

3. 集体维护：系统是由其中具有维护功能的所有节点共同维护的，系统中所有人共同参与维护工作。

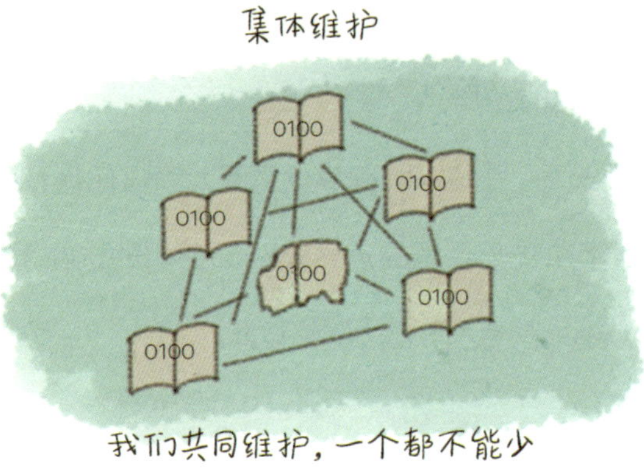

图 2–69　区块链特点之集体维护

4. 可靠的数据库：系统中每一个节点都拥有最新的完整数据库拷贝，修改单个节点的数据库是无效的，因为系统会自动

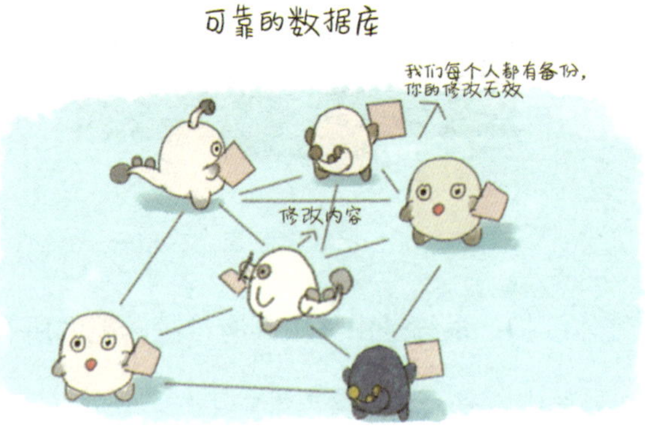

图 2–70　区块链特点之可靠的数据库

比较，认为最多次出现的相同数据记录为真。

讲几个问题，区块链底层架构

区块链的模型架构

有关区块链的模型结构问题，已经被谈论千遍万遍了，基本已经成为一种定义式的问题了，我们将使用诸多资料中相对较为全面，也较容易理解的一类解释来向大家阐述。

区块链基础架构分为6层，包括数据层、网络层、共识层、激励层、合约层、应用层。每层分别完成一项核心功能，各层之间互相配合，实现一个去中心化的信任机制。

一、数据层

数据层主要描述区块链技术的物理形式。区块链系统设计的技术人员们首先建立的一个起始节点是“创世区块”，之后在同样规则下创建的规格相同的区块通过一个链式的结构依次相连组成一条主链条。随着运行时间越来越长，新的区块通过验证后不断被添加到主链上，主链也会不断地延长。

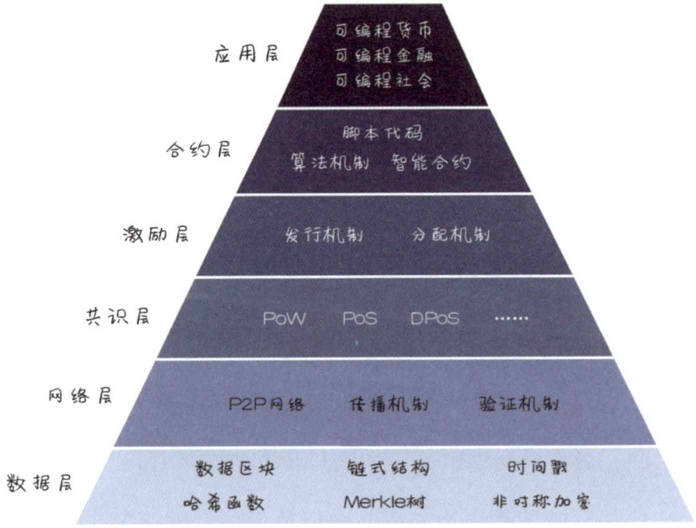

图 2–71　区块链的模型架构

每个区块中也包含了许多技术，比如时间戳技术，它可以确保每一个区块按时间顺序相连接；再比如哈希函数，它能够确保交易信息不被篡改。

二、网络层

网络层的主要目的是实现区块链网络中节点之间的信息交流。区块链网络本质上是一个P2P（点对点）网络。每一个节点既接收信息，也产生信息。节点之间通过维护一个共同的区块链来保持通信。[①]

区块链的网络中，每一个节点都可以创造新的区块，在新区块被创造后会以广播的形式通知其他节点，其他节点会对这个区块进行验证，当全区块链网络中超过51%的用户验证通过后，这个新区块就可以被添加到主链上了。

图 2–72　区块链的网络层

① 区块链技术从初级到深入介绍 [EB/OL]. (2016–06–15) [2017–05–18]. http://8btc.com/thread-34731-1-1.html?utm_source=tuicool&utm_medium=referral.

三、共识层

共识层能让高度分散的节点在去中心化的系统中高效地针对区块数据的有效性达成共识。区块链中比较常用的共识机制主要有工作量证明、权益证明和股份授权证明三种，我们在下面的章节中会重点讲解。

四、激励层

激励层的主要功能是提供一定的激励措施，鼓励节点参与区块链的安全验证工作。我们以比特币为例，它的奖励机制有

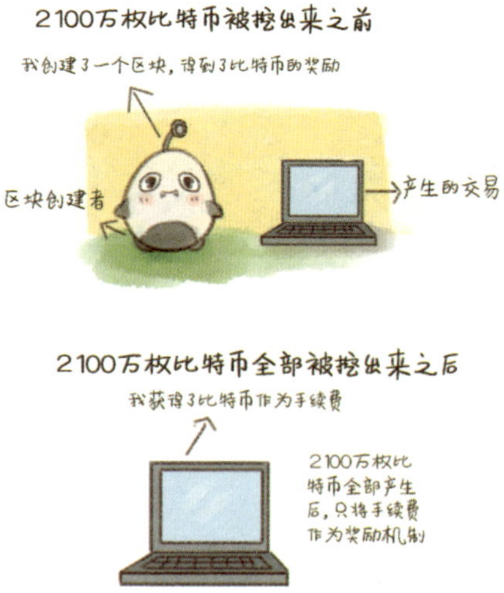

图 2–73　区块链的激励层

两种。在比特币总量达到 2 100 万枚之前，奖励机制有两种，新区块产生后系统奖励的比特币和每笔交易扣除的比特币（手续费）。而当比特币总量达到 2 100 万时，新产生的区块将不再生成比特币，这时奖励机制主要是每笔交易扣除的手续费。

五、合约层

合约层主要是指各种脚本代码、算法机制以及智能合约等。我们以比特币为例，比特币是一种可编程的货币，合约层封装的脚本中规定了比特币的交易方式和过程中涉及的种种细节。

六、应用层

应用层封装了区块链的各种应用场景和案例，比如基于区块链的跨境支付平台 OKLink，以及在“应用篇”中我们将讲到的五花八门的应用。

区块链的基本类型

一、公有链

公有链是指全世界任何人都可读取、任何人都能发送交易且交易能获得有效确认，任何人都能参与共识过程的区块链——共识过程决定哪个区块可被添加到区块链中，同时明确当前状态。[①]

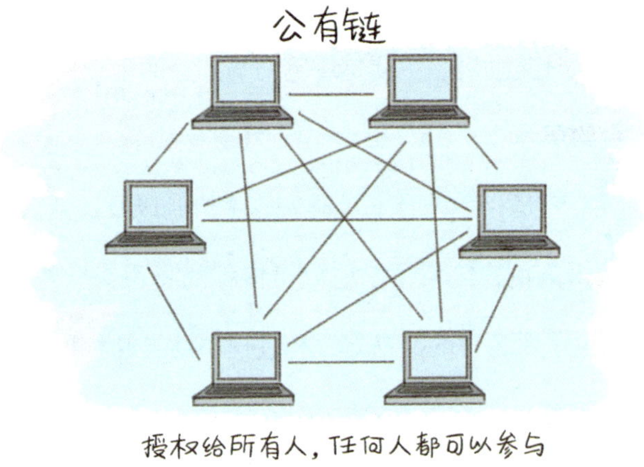

图 2–74　区块链的公有链

公有链有如下几个特点：

1. 保护用户免受开发者的影响

在公有链中程序开发者无权干涉用户，区块链可以保护其用户。

---

① 全面认识区块链：公有链vs私有链[EB/OL]. (2016–08–09) [2017–05–18]. http://www.weiyangx.com/199778.html.

2. 访问门槛低

任何人都可以访问，只要有一台能够联网的计算机就能够满足基本的访问条件。

3. 所有数据默认公开

公有链中的每个参与者可以看到整个分布式账本中的所有交易记录。

二、私有链

私有链是指其写入权限仅在一个组织手里的区块链，目的是对读取权限或者对外开放权限进行限制。

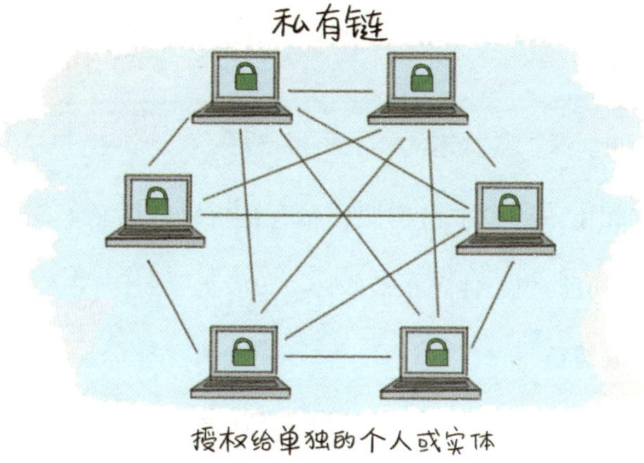

图 2–75　区块链的私有链

私有链有如下几个特点：

1. 交易速度非常快

私有链中少量的节点具有很高的信任度，并不需要每个节点都来验证一个交易。因此，私有链的交易速度比公有链快很多。

2. 为隐私提供更好的保障

私有链的数据不会被公开，不能被拥有网络连接的所有人获得。

3. 交易成本大幅降低甚至为零

私有链上可以进行完全免费或者至少说是非常廉价的交易。如果一个实体机构控制和处理所有的交易，它就不再需要为工作收取费用。

4. 有助于保护其基本的产品不被破坏

银行和传统的金融机构使用私有链可以保证它们的既有利益，以至原有的生态体系不被破坏。

三、联盟链

联盟链是指其共识过程受到预选节点控制的区块链。例如，对由 15 个金融机构组成的共同体而言，每个机构都运行着一个节点，为了使每个区块生效需要获得其中半数以上也就是8家机构的确认。区块链可能会允许每个人读取，也可能会受限于参与者走混合路线。①

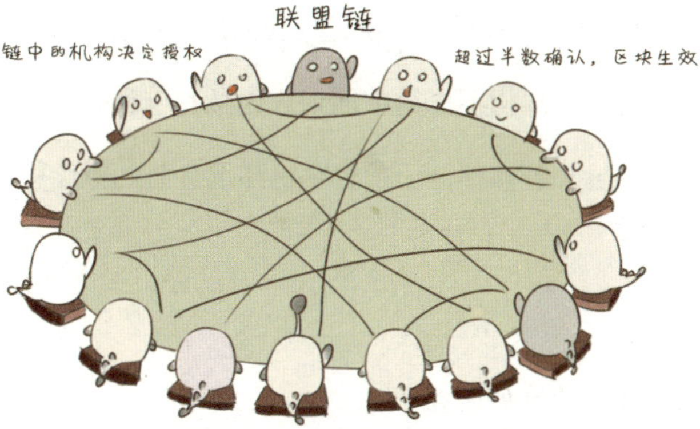

图 2–76　区块链的联盟链

联盟链可以视为“部分去中心化”，区块链项目R3 CEV就可以认为是联盟链的一种形态。

① 黄步添. 区块链形态[EB/OL]. [2017–05–18]. https://wenku.baidu.com/view/43d83e1b9ec3d5bbfc0a74be.html.

四、其他的说法

我们再来说说区块链分类中的其他几种说法——许可链、混合链和复杂链。

许可链是指每个节点都需要许可才能加入的区块链系统，私有链和联盟链都属于许可链。随着区块链技术的日益发展，区块链的技术架构不再简单地划分为私有链和公有链，它们之间的界限越来越模糊，于是复杂链和混合链的概念就逐渐被人提出来了。

区块链的发展脉络

根据区块链科学研究所创始人梅兰妮·斯万（Melanie Swan）的观点，区块链技术发展分三个阶段或领域：区块链1.0、区块链2.0和区块链3.0。[①]

区块链1.0：以比特币为代表的可编程货币。它更多是指数字货币领域的创新，如货币转移、兑付和支付系统等。

---

① 区块链来了，未来注定将颠覆我们的生活[EB/OL]. (2016–04–20)[2017–05–18]. http://mt.sohu.com/20160420/n445253975.shtml.

区块链 2.0：基于区块链的可编程金融。它更多涉及一些合约方面的创新，特别是商业合同以及交易方面的创新，比如股票、证券、期货、贷款、清算结算、所谓的智能合约等。

区块链 3.0：区块链在其他行业的应用。它更多地对应人类组织形态的变革，包括健康、科学、文化和基于区块链的司法、投票等。

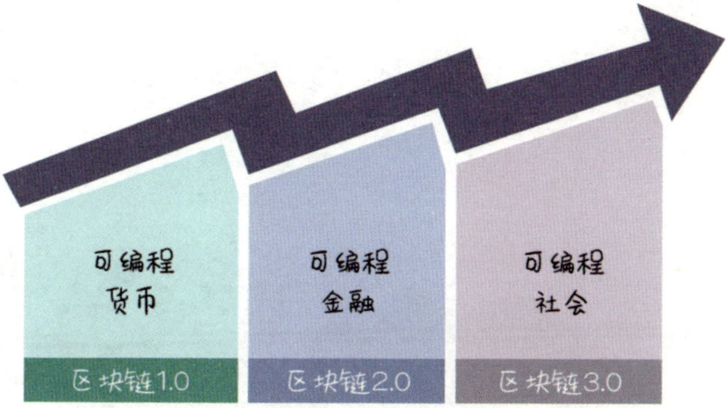

图 2–77　区块链的发展脉络

区块链的共识机制

我们在了解共识机制之前，先来看两个古老的引入问题，类两军问题和拜占庭将军问题。

问题一：类两军问题

说到这个问题，网络上广为流传的解释如下：

有两个相距很远的军队要传递信息，蓝军派遣一个信使去跟红军说:“有本事把意大利炮拿出来！”红军收到信息后又派了一个信使去跟蓝军说:“收到指令！”然后蓝军又派一个信使去跟红军说:“知道你收到指令了！”然后红军又派一个信使去跟蓝军说:“知道你知道我收到指令了！”然后蓝军又派一个信使去和红军说:“知道你知道我知道你收到指令了！”然后就没完没了了。

图 2–78　类两军问题

问题二：拜占庭将军问题

拜占庭将军问题是一个很古老的问题，具体阐述如下：

拜占庭罗马帝国在军事行动中，采取将军投票的策略来决定是进攻还是撤退，也就是说如果多数人决定进攻，就冲上去。但是军队中如果有奸细（比如将军已经反水故意乱投票，或者传令官叛变擅自修改军令），那怎么保证最后投票的结果真实反映了忠诚的将军的意愿呢？[1]

我们详细说明一下这个问题。

在很久很久以前，有一个强大的帝国叫作拜占庭，它的军队非常强大，周围有10个小国家，饱受拜占庭帝国的欺压，但是，必须同一时间有6个以上的国家进攻才有可能打败拜占庭帝国，否则就一定会战败。

这个时候，问题就出现了，古时候军队之间的通信完全依赖于人，如果一个国家的军队里有奸细，无论是下令的将军还是传信的通信兵，都可能会使得另外9个国家收到假消息，从

---

① 数据阳光.从技术角度看区块链[EB/OL]. (2016–10–17) [2017–05–18]. http://sanwen.net/a/unmoipo.html.

图 2–79　拜占庭将军问题

而造成作战失败。那么，如果你是其中一个小国的国王，你该如何判断一定会有另外 5 个以上的国家与你并肩作战呢？毕竟一个不小心，你就亡国了。

正是由于以上这些问题，我们需要达成共识。区块链上的共识机制有多种，没有一种共识机制是完美无缺的，同时也意味着没有一种共识机制是适合所有应用场景的。这里我们引用了“张童鞋”的一篇文章，并获得了他的授权。我们选取了其中比较有特点的 9 种共识机制做一个简单介绍，常见的共识机制主要有工作量证明、权益证明和股份授权证明三种。

一、工作量证明

工作量证明（Proof of Work，简称PoW）通常只能从结果证明，因为监测工作过程通常是烦琐且低效的。

比特币在区块的生成过程中使用了PoW机制，一个符合要求的区块哈希值由N个前导零构成，零的个数取决于网络的难度值。要得到合理的区块哈希值需要经过大量的尝试计算，计算时间取决于机器的哈希运算速度。当某个节点提供出一个合理的区块哈希值，说明该节点确实经过了大量的尝试计算，当然，这并不能得出计算次数的绝对值，因为寻找合理的哈希值是一个概率事件。当节点拥有占全网n%的算力时，该节点即有n%的概率找到区块哈希值。

PoW依赖机器进行数学运算来获取记账权，资源消耗大、共识机制高、可监管性弱，同时每次达成共识需要全网共同参与运算，性能效率比较低，容错性方面允许全网50%节点出错。

PoW的优点：完全去中心化，节点自由进出。

PoW的缺点：目前比特币已经吸引全球大部分的算力，其他再使用PoW共识机制的区块链应用很难获得相同的算力来保障自身的安全；挖矿造成大量的资源浪费；共识达成的周期较长。

使用PoW的项目有：比特币、以太坊前三个阶段——Frontier（前沿）、Homestead（家园）、Metropolis（大都会）。以太坊的第4个阶段，即Serenity（宁静），将采用权益证明机制。

二、权益证明

权益证明（Proof of Stake，简称PoS）由“Quantum Mechanic”2011年在比特币论坛讲座上首先提出，后经Peercoin（点点币）和NXT（未来币）以不同思路实现。

PoS的主要理念是节点记账权的获得难度与节点持有的权益成反比，相比PoW，其在一定程度上减少了数学运算带来的资源消耗，性能也得到了相应的提升，但依然是基于哈希运算，竞争获取记账权的方式，可监管性弱。该共识机制的容错性和PoW相同。它是PoW的一种升级，根据每个节点所占代币的比例和时间，等比例地降低挖矿难度，从而加快找到随机数的速度。

在PoW中，一个用户可能拿1 000美元来购买计算机，并加入网络来挖矿以此产生新区块，从而得到奖励。而在PoS中，用户可以拿1 000美元购买等价的代币，并把这些代币当作押金放入PoS机制中，这样用户就有机会产生新区块而得到奖励。

总体而言，这个系统中存在一个持币人的集合，他们把手中的代币放入PoS机制中，这样他们就变成验证者。比如对区块链最前面的一个区块而言，PoS算法在验证者中随机选取一个（选择验证者的权重依据他们投入的代币量，比如一个投入押金为10 000代币的验证者被选择的概率是一个投入1 000代币验

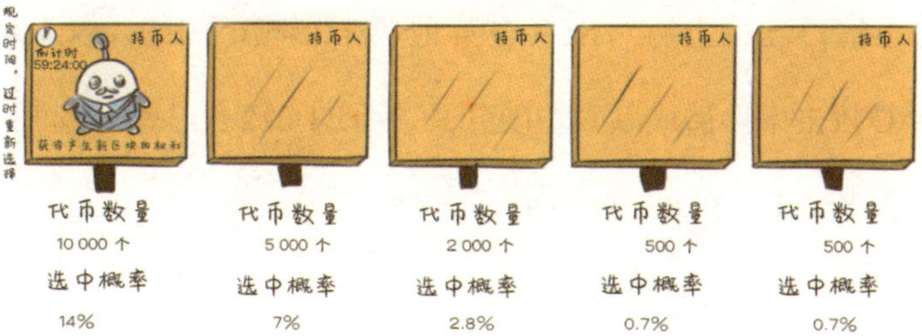

图 2–80　PoS算法随机选取

证者的10倍），给他权利产生下一个区块。如果在一定时间内，这个验证者没有产生一个区块，则选出第二个验证者代替产生新区块。与PoW一样，PoS以最长的链为准。

随着规模经济（指扩大生产规模引起经济效益增加的现象）的消失，中心化所带来的风险减小了。价值1 000万美元的代币带来的回报不多不少，是价值100万美元代币的10倍，不会有人因为负担得起大规模生产工具而得到不成比例的额外回报。

PoS的优点：在一定程度上缩短了共识达成的时间；不再需要大量消耗能源去挖矿。

PoS缺点：还是需要挖矿，本质上没有解决商业应用的痛点；所有的确认都只是一个概率上的表达，而不是一个确定性的事情，理论上有可能存在其他攻击影响，例如，以太坊的DAO攻击事件造成以太坊硬分叉，而ETC随之出现，事实上证明了此次硬分叉的失败。

三、股份授权证明

BitShares（比特股）社区首先提出了股份授权证明（简称DPoS）机制，它与PoS的主要区别在于节点选举若干代理人，由代理人验证和记账，但其合规监管、性能、资源消耗和容错性与PoS相似。类似于董事会投票，持币者投出一定数量的节点，进行代理验证和记账。

DPoS的工作原理如下：每个股东按其持股比例拥有相应的影响力，51%股东投票的结果将是不可逆且有约束力的，其挑战是通过及时而高效的方法达到“51%批准”。为了达到这个目标，每个股东可以将其投票权授予一名代表。获票数最多的前100位代表按既定时间表轮流产生区块。每位代表分配到一个时

图 2–81　DPoS工作原理

间段来生产区块。

所有的代表将收到等同于一个平均水平的区块所含交易费的 10% 作为报酬。如果一个平均水平的区块用 100 股作为交易费，一位代表将获得一股作为报酬。

网络延迟有可能使某些代表没能及时广播他们的区块，而这将导致区块链分叉。然而，这不太可能发生，因为制造该区块的代表可以与制造该区块前后的区块的代表建立直接连接。建立这种与你之后的代表（也许也包括其后的那名代表）的直接连接是为了确保你能得到报酬。

DPoS 的投票模式可以每 30 秒产生一个新区块，并且在正常的网络条件下，区块链分叉的可能性极其小，即使发生也可以在几分钟内得到解决。执行该模式的基本步骤如下：

1. 成为代表。成为一位代表，你必须在网络上注册你的公钥，并获得一个 32 位的特有标识符。该标识符会被每笔交易数据的“头部”引用。

2. 授权投票。每个钱包有一个参数设置窗口，在该窗口里用户可以选择一位或更多的代表，并将其分级。一经设定，用户所做的每笔交易将把选票从“输入代表”转移至“输出代表”。一般情况下，用户不会创建专门以投票为目的的交易，因为那将耗费他们一笔交易费。但在紧急情况下，某些用户可能觉得通过支付费用这一更积极的方式来改变他们的投票是值得的。

3. 保持代表诚实。每个钱包将显示一个状态指示器，让用户知道他们的代表表现如何。如果他们错过了太多的区块，那么系统将会推荐用户更换一位新的代表。如果任何代表被发现签发了一个无效的区块，那么所有标准钱包将在每个钱包进行更多交易前要求选出一位新代表。

4. 抵抗攻击。在抵抗攻击上，前100位代表所获得的权力是相同的，即每位代表都有一项平等的投票权，因此，无法通过获得超过1%的选票而将权力集中到单一代表上。由于只有100位代表，不难想象一个攻击者可以对每位轮到其生产区块的代表依次进行拒绝服务攻击。幸运的是，由于每位代表的标识是其公钥而非IP地址，这种特定攻击的威胁很容易被减轻。这将使确定DDoS（分布式拒绝服务）攻击目标更为困难。而代表之间的潜在连接将使妨碍他们生产区块变得更为困难。

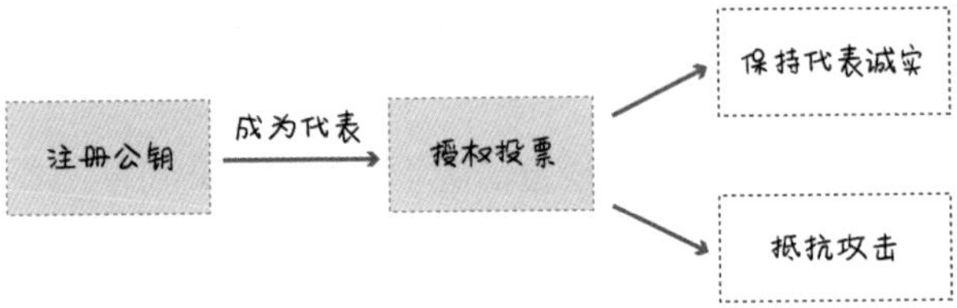

图 2–82　DPoS的投票模式

DPoS的优点：大幅缩小参与验证和记账节点的数量，可以达到秒级的共识验证。

DPoS的缺点：整个共识机制还是依赖于代币，而很多商业应用是不需要代币的。

四、投注共识

投注共识是以太坊下一代的共识机制Casper（鬼马小精灵）引入的一个全新概念，属于PoS。Casper的共识是按区块达成的，而不是像PoS那样按链达成。

为了防止验证人在不同的世界中提供不同的投注，我们还有一个简单严格的条款：如果你两次的投注序号一样，或者说你提交了一个无法让Casper依照合约处理的投注，你将失去所有保证金。从这一点我们可以看出，Casper与传统的PoS不同的是，Casper有惩罚机制，这样非法节点通过恶意攻击网络不仅得不到交易费，而且还面临着保证金被没收的风险。

Casper协议下的验证人需要完成出块和投注两个活动。具体如下：

出块是一个独立于其他所有事件而发生的过程，验证人收集交易，当轮到他们的出块时间时，他们就制造一个区块，并签名，然后发送到网络上。投注的过程更为复杂一些，目前Casper默认的验证人策略被设计为模仿传统的拜占庭容错共识：观察其他的验证人如何投注，取33%处的值，向0或者1进一步移动。

而客户端确认当前状态的过程是这样的：一开始先下载所有的区块和投注，然后用上面的算法来形成自己的意见，但是不公布意见；它只要简单地按顺序在每个高度进行观察，如果一个区块的概率高于0.5就处理它，否则就跳过它。在处理所有的区块之后所得到的状态就可以显示为区块链的“当前状态”。客户端还可以给出对于“最终确定”的主观看法：如果高度k之前的每个区块形成的意见高于99.999%或者低于0.001%，那么客户端就可以认为前k个区块已经最终确定。

五、瑞波共识机制

瑞波共识算法使一组节点能够基于特殊节点列表形成共识。初始特殊节点列表就像一个俱乐部，要接纳一个新成员，必须由该俱乐部51%的会员投票通过。共识遵循这些核心成员的“51%权力”，外部人员则没有影响力。由于该俱乐部由中心化开始，它将一直是中心化的，而如果它开始腐化，股东们什么也做不了。与比特币及Peercoin一样，瑞波系统将股东们与其投票权隔开，因此，它比其他系统更中心化。

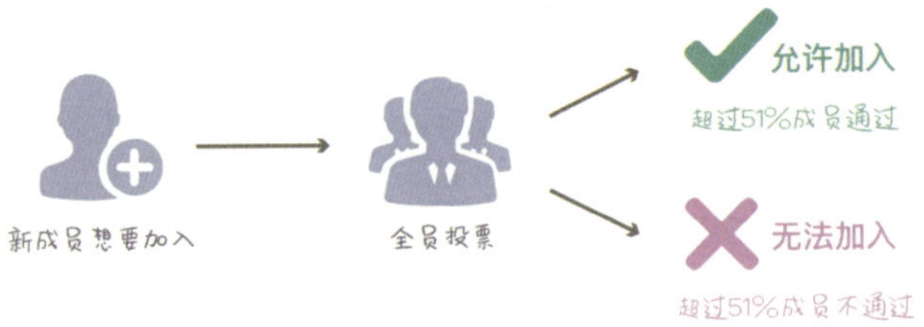

图 2–83　瑞波共识机制

六、Pool验证池

基于传统的分布式一致性技术以及数据验证机制，Pool（联营）验证池是目前行业内大范围使用的共识机制。它的优缺点如下。

优点：不需要代币也可以工作，在成熟的分布式一致性算法（Pasox、Raft）的基础上，实现秒级共识验证。

缺点：去中心化程度不如比特币，更适合多方参与的多中心商业模式。

七、实用拜占庭容错

在分布式计算上，不同的计算机通过信息交换尝试达成共识，但有时候，系统中的协调计算机或成员计算机可能因系统错误交换错的信息，以致影响最终的系统一致性。对于拜占庭将军问题，若根据错误计算机的数量，寻找可能的解决办法，这其实无法找到一个绝对的答案，只可以用来验证一个机制的有效程度。

而拜占庭将军问题的可能解决方法为：在 $N \geq 3F + 1$ 的情况下，一致性是可能实现的（N为计算机总数，F为有问题的计算机总数）。信息在计算机间互相交换后，各计算机列出所有得到的信息，以大多数的结果作为解决办法。

图 2–84　拜占庭容错

最早由卡斯特罗和利斯科夫在 1999 年提出的实用拜占庭容错（PBFT）是第一个得到广泛应用的拜占庭容错算法。只要系统中有 2/3 的节点是正常工作的，就可以保证一致性。

实用拜占庭容错算法的总体过程如下：客户端向主节点发送请求调用服务操作，如“<REQUEST,o,t,c>”，这里客户端c请求执行操作o，时间戳t用来保证客户端请求只会执行一次。每个由副本节点发给客户端的消息都包含了当前的视图编号，使得客户端能够追踪视图编号，从而进一步推算出当前主节点的编号。客户端通过点对点消息向它自己认为的主节点发送请求，然后主节点自动将该请求向所有备份节点进行广播。

视图编号是连续编号的整数。主节点由公式 $p = v \bmod |R|$ 计算得到，这里 v 是视图编号，p 是副本编号，|R| 是副本集合的个数。

副本发给客户端的响应为“<REPLY,v,t,c,i,r>”，v 是视图编号，t 是时间戳，i 是副本的编号，r 是请求执行的结果。

主节点通过广播将请求发送给其他副本，然后就开始执行三个阶段的任务。

1. 预准备阶段。主节点分配一个序列号 n 给收到的请求，然后向所有备份节点群发预准备消息，预准备消息的格式为“<<PRE–PREPARE,v,n,d>,m>”，这里 v 是视图编号，m 是客户端发送的请求消息，d 是请求消息 m 的摘要。

2. 准备阶段。如果备份节点 i 接受了预准备消息，则进入准备阶段。在准备的同时，该节点向所有副本节点发送准备消息

“<PREPARE,v,n,d,i>”，并且将预准备消息和准备消息写入自己的消息日志。

3. 确认阶段。当“(m,v,n,i)”条件为真的时候，副本i将“<COMMIT,v,n,D(m),i>”向其他副本节点广播，于是就进入了确认阶段。所有副本都执行请求并将结果发回客户端。客户端需要等待不同副本节点发回相同的结果，作为整个操作的最终结果。

如果客户端没有在有限时间内收到回复，请求将向所有副本节点进行广播；如果该请求已经在副本节点处理过了，副本就向客户端重发一遍执行结果；如果请求没有在副本节点处理过，该副本节点将把请求转发给主节点；如果主节点没有将该请求进行广播，那么就认为主节点失效；如果有足够多的副本节点认为主节点失效，则会触发一次视图变更。

图 2–85 展示了在没有发生主节点失效的情况下算法的正常执行流程，其中副本 0 是主节点，副本 3 是失效节点，而c是客户端。

实用拜占庭容错机制是一种采用“许可投票、少数服从多数”来选举领导者并进行记账的共识机制，该共识机制允许拜

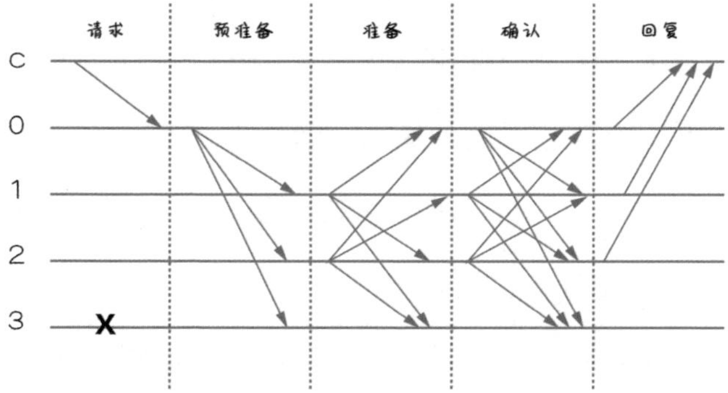

图 2–85　未发生主节点失效的情况下的算法

占庭容错，允许强监管节点参与，具备权限分级能力，性能更高，耗能更低，而且每轮记账都会由全网节点共同选举领导者，允许 33%的节点作恶，容错性为 33%。由于特别适合联盟链的应用场景，实用拜占庭容错机制及其改进算法为目前使用最多的联盟链共识算法，其改进算法在以下方面进行了调整：修改底层网络拓扑的要求，使用P2P 网络；可以动态地调整节点数量；减少协议使用的消息数量。

八、授权拜占庭容错

2016 年 4 月，小蚁公司发布共识算法白皮书，描述了一种通用的共识机制——授权拜占庭容错，提出了一种改进的拜占庭容错算法，使其能够适用于区块链系统。授权拜占庭容错算法在实用拜占庭容错算法的基础上进行了以下改进：

1. 将C/S（客户机/服务器）架构的请求响应模式改进为适合P2P网络的对等节点模式；

2. 将静态的共识参与节点改进为可动态进入、退出的共识参与节点；

3. 为共识参与节点的产生设计了一套基于持有权益比例的投票机制，通过投票决定共识参与节点（记账节点）；

4. 在区块链中引入数字证书，解决了投票中对记账节点真实身份的认证问题。

授权拜占庭容错机制的优点：专业化的记账人；可以容忍任何类型的错误；记账由多人协同完成；每一个区块都有最终性，不会分叉；算法的可靠性有严格的数学证明。

授权拜占庭容错机制的缺点：当 1/3 及以上的记账人停止工作后，系统将无法提供服务；当 1/3 及以上的记账人联合作恶，且其他所有的记账人被恰好分割为两个网络孤岛时，恶意记账人可以使系统出现分叉，但是会留下密码学证据。

总而言之，授权拜占庭容错机制最核心的一点，就是最大限度地确保系统的最终性，使区块链能够适用于真正的金融应用场景。

九、帕克索斯算法

这是一种传统的分布式一致性算法，是一种基于选举领导者的共识机制。领导者节点拥有绝对权限，并允许强监管节点参与，其性能高，资源消耗低。所有节点一般有线下准入机制，但选举过程中不允许有作恶节点，不具备容错性。

03

人物篇

微秒而逝，但他们成就历史

区块链行业作为一个21世纪的风口行业，可以说是“江山代有才人出，各领风骚数百年”。这一章我们将选取几个有特点和代表性的人物，向大家讲述区块链行业中的人和他们的故事。

当然，在人物选取方面，我们争论了很久，从最初的20人到最后的5个人，我们经过了无数次的讨论，最终，我们选择了一些或许不是最著名，但相对来说最有特色的人来填充这一章。

一位是不可不提的传奇人物中本聪；一位是区块链技术领域的先行者和开拓者，发明了智能合约的尼克·萨博；另两位是有鲜明性格特点的意见领袖，在《纽约时报》撰写关于比特币的专栏的男子马克·安德森以及从华尔街走出的神奇女子布莱斯·马斯特；最后一位是区块链行业的投资大亨巴里·希尔伯特。

永远的背影：中本聪的 99 种传说

说起区块链行业里的传奇人物，不提这位肯定是说不过去的，他就是中本聪——比特币的创造者，可以说区块链的核心理论就是他发明的。打个稍微夸张的比喻：上帝创世的时候说

图 3–1 中本聪

“要有光”，于是世界便有了光；中本聪对着计算机屏幕敲啊敲，然后大喊一声“出现吧，我的比特币”，于是便有了比特币及其背后的区块链技术。

这位传奇人物不仅有才还很有意思，明明有才华却偏偏要靠性格吃饭，把神秘主义的原则诠释得彻彻底底，比特币发展初期的时候，他甚至匿名参与指导。后来比特币和区块链越来越火，中本聪却完全隐身了，既不动用自己手里价值十几亿美元的比特币，也不去申请专利，就连提名诺贝尔经济学奖候选人都没能让他现身。

图 3–2　诺贝尔经济学奖候选人

不过，不管他究竟是谁，什么时候出现，此生还会不会出现，他都实现了我小时候大声喊出的梦想——“我要改变世界”“我要成为世界未解之谜”。下面我们就来具体讲讲这位传奇人物的传奇经历。

传说中的中本聪被描绘成一个集经济学家、数学家、密码学家以及顶级黑客为一体的人物，他的传奇历史始于2008年11月1日，这一天，他发表了一篇论文《比特币：一种点对点的电子现金系统》，之后他又把理论付诸实践，在2009年1月4日创造了比特币世界的第一个区块，我们称之为“创世区块”，同年1月11日，他开发了一个客户端，其名称非常朴素——比特币客户端0.1版，召唤各路小伙伴们一起玩耍。

故事慢慢演化，比特币终于有了第一笔交易，比特币有汇率了，比特币的技术爱好者有聊天室了，比特币挖矿难度调整了，比特币被某个国家的法律认可了，比特币市值近400亿美元（按2017年5月数据估算）……当然，比特币的成长过程中也伴随着一些“负能量”，诸如比特币暴涨、暴跌，比特币被盗、被告。总之，比特币的历史精彩纷呈，我们会在后面详细阐述。

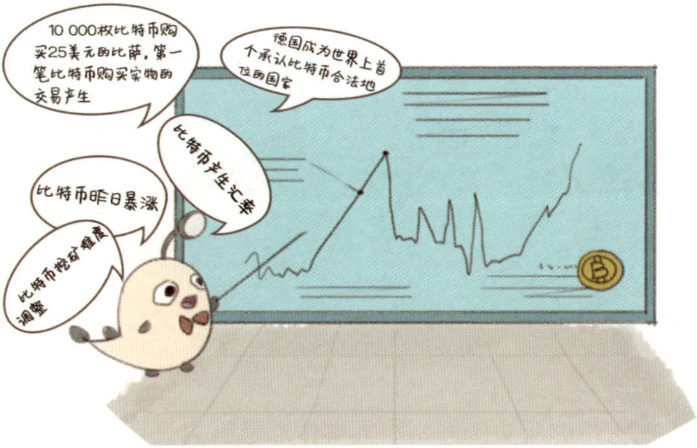

图 3–3　比特币的历史精彩纷呈

在这些事件中，中本聪扮演着一个什么角色呢？事件创造者。为什么这么说？因为他消失了，全世界都没人见过中本聪，也没有人听过他的声音，FBI（美国联邦调查局）和全世界的媒体都在找他，但是谁也没找到，大家都能看到 2008 年比特币创始初期他在论坛、邮箱、网站主页的发言，针对这些看似线索的发言的探究到最后都被逼入了死胡同。

图 3–4　全世界寻找中本聪

比特币的历史上好几次大事件都是因为“中本聪”这个名字引起的，比如人们发现一个日本人是中本聪，随后又发现一个澳大利亚人是中本聪，《纽约时报》声称找到了中本聪本人。最近的一次轰动，是由一位澳大利亚企业家克雷格·史蒂芬·赖特引起的，他通过BBC（英国广播公司）、《经济学人》和《智族》宣布，自己就是如假包换的比特币创始人中本聪，并展示了一笔发生在 2009 年 1 月的交易，中本聪向帮助构建比特币协议的程序员之一哈尔·芬尼转账了 10 枚比特币，这是有史以来第一笔比特币系统内的转账交易。同时，他还向英国提交了 50 多项围绕比特币和其底层区块链技术的专利申请。

图 3–5　中本聪的身份疑云

大家觉得这下终于找到中本聪了，纷纷前去围追堵截，抢专访上头条。一个转折性的事件又发生了，在《连线》刊登的相关文章引起轩然大波的 48 小时之后，这一轮身份风波被中本聪的邮件平息了，中本聪在邮件中淡定地说道：“我不是克雷格·赖特，我们每个人都是中本聪。”

其实，要证明自己是中本聪也很简单，比特币的本质是一个分布式账本，可以说，它是一本不能修改、不能毁坏、永远不间断、所有人都可查询的账本。那么，基于分布式账本的特性，我们要怎样做身份验证呢？首先，我们使用一个比特币公钥，向外界公布，并声明这个公钥对应的私钥归你所有；然后使用私钥签名，就可以证明自己确实拥有该地址的私钥了。

倒推到中本聪身上，他要如何证明自己就是中本聪呢？只需要使用“创世区块”里的私钥对“创世区块”的公钥签名，随意使用什么签名文本都无所谓，因为“创世区块”的私钥一定为比特币的发明人所有。①

现如今，比特币市值已经完美地碾压了许多国家的法定货币。多个国家都认可或者放宽了比特币的法律地位，区块链应用遍地开花，成为金融科技领域炙手可热的“新贵”。据预估，中本聪持有约100万枚比特币，同时手握无数个专利，完全是人生赢家的典型。历史上想要凭个人的力量创造一种货币的人不是没有，但是成功的却只有中本聪一人。

---

① 真假中本聪之谜和比特币私钥签名技术[EB/OL]. (2016-07-15) [2017-05-18]. http://zhuanlan.zhihu.com/p/21722963.

当然，正如中本聪所说，“我们每个人都是中本聪”，我们每个人都是区块链技术的践行者和参与者，我们期待见证被区块链技术改变后的世界。

中本聪，在各处的配图中，永远都是用一个背影来代替，但是，我们期待“每个中本聪”创造的 99 种传说。

当尼克·萨博被自动售货机“砸中”

牛顿被树上掉下来的“上帝的苹果”砸中，于是茅塞顿开，发明了牛顿运动定律。在区块链领域，也有这么一个人被自动售货机“砸中”，他发明了智能合约。

大家应该都知道自动售货机，这个笨头笨脑的大家伙其实非常厉害。你塞进去钱币，它就会吐出来商品。我们看不到内在的工作机制，但都知道，你不塞钱进去，就不会有东西吐出来。

说到这里，我们的话题就可以展开了。此人根据售货机的灵感，提出了智能合约的概念，他就是尼克·萨博，他是一位计算机科学家、密码学家、法律学者，是智能合约等创新概念的先驱，他还曾被人怀疑是中本聪。目前，他正在募集资金，打算建立一个区块链技术公司。

图 3–6　尼克 · 萨博

介绍一位科学家最科学的方式就是讲述他发明的科学。我们回到开始的话题，在尼克 · 萨博眼中，自动售货机有着不一样的魅力，购买者向售货机投入一定数量的货币，选择要购买的商品，这就在两者间创建了一种强制执行的合约。购买者投入货币并选择商品，而卖家通过售货机内置的逻辑提供商品和找零。

图 3–7　自动售货机的逻辑

如果我们投入硬币但售货机没有吐出商品，我们会认为售货机不遵守合约，有些愤怒的人甚至拳打脚踢，其实售货机也很无辜，因为它还没有识别你投入的硬币，或者你投入了一张假钞，自然没法吐出来商品啦。这其实是一种简易化的智能合约。

图 3–8　简易的智能合约

我们再来看另一个例子，《怪诞心理学》提出了这样一个问题：在网上买东西，如果你付了钱，对方却没有发货，这时候如果他撒谎，说自己发货了，双方该如何自证呢？

支付宝作为第三方，确保交易双方不会存在这样的问题，你先付款到支付宝，然后商家确认发货后再打款，保障了交易双方的利益，我们可以称之为担保交易的模式。支付宝是支付工具，其背后的工作机制却与智能合约的逻辑基本一致——基于信任而产生。不过，这里也存在一个问题，如果有一天支付宝的服务器遭受不明物体入侵，整体报废了，记录也不存在了，买卖双方又无法自证了。

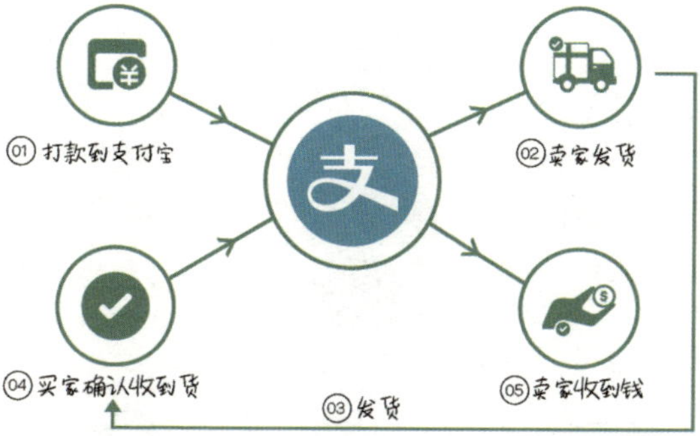

图 3–9　支付宝的逻辑

说到这里，我们就可以引出智能合约的含义了，智能合约就是一个计算机程序，是一个任何人都可以使用的去中心化系统，不需要任何中介机构。它有几个条件：

1. 必须有货币参与。没有货币一切交易都是空谈，无论是使用法币，还是使用加密数字货币，总之，必须有货币。

2. 资产必须数字化。如何把一辆车数字化呢？答案是给它一把密码学锁。我们现在用的车都是物理锁，所以交付车实际上是交付车钥匙。想象一下，有一天车的锁变成了密码学公钥，而只有持私钥的人才能打开车。很科幻，是不是？但这是可以实现的。

3. 资产必须联网且绝对信任某个数据库。

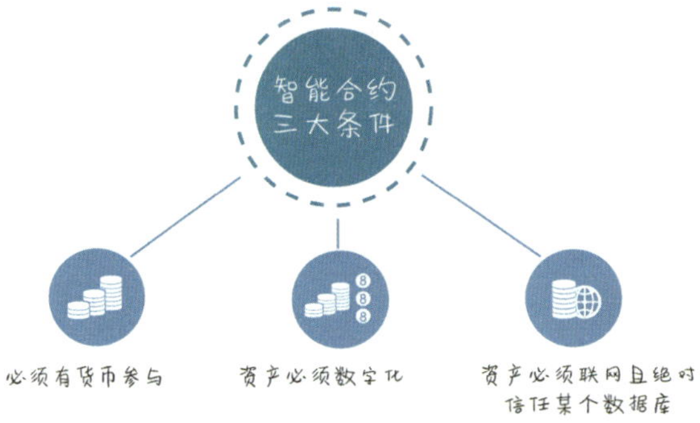

图 3–10 智能合约的特点

从本质上讲，这些自动合约的工作原理类似于其他计算机程序的“if–then”语句。智能合约只是以这种方式与真实世界的资产进行交互。当一个预先编好的条件被触发时，智能合约执行相应的合同条款。[①]目前，瑞士联合银行、英国巴克莱银行

① 智能合约将使我们未来不需要银行和律师 [EB/OL]. (2016–06–21) [2017–05–18]. http://it.sohu.com/20160621/n455402402.shtml.

以及美国摩根大通等金融机构都在研究把智能合约用于自动化交易结算，这种方式能大大降低成本。

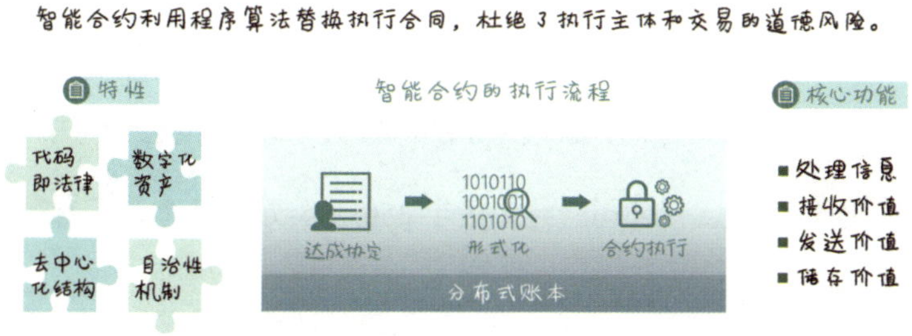

图 3–11　智能合约的结构模式

等到以上三大条件都实现的时候，我们就会发现智能合约已经变得像如今的支付宝一样，你不需要知道背后的技术，但你信任它，而且你不得不使用它来完成交易。在区块链的世界里，智能合约将会无处不在。

从华尔街走出的区块链女性领袖人物

因为比特币及其背后的区块链技术天生带着一种极客的气

息以及一种“尔等凡人你们看不懂夜的黑”的高傲气质，所以，区块链行业的权威和意见领袖更多是低调、不爱发表观点的男性。

但是，其中仍然有几位巾帼不让须眉的女性意见领袖，比如区块链创业公司BlockCypher的CEO（首席执行官）凯瑟琳·尼科尔森，该公司已经筹集了350万美元的资金，还有数字资产控股公司的CEO布莱斯·马斯特等。

图3–12　凯瑟琳·尼科尔森

下面我们就来讲讲布莱斯·马斯特，她是摩根大通前高管，在摩根大通待了近30年，离开摩根大通之后开始了创业之旅，她创立了数字资产控股公司并担任CEO，这是一家寻求将区块链技术应用到华尔街市场的创业公司。

图 3–13　区块链的女性意见领袖

这家公司的第一个大客户就是她的前任雇主摩根大通。摩根大通现在正与数字资产控股公司合作测试使用区块链来加快结算速度。她认为，“我们将在未来一两年看到区块链技术以各种形式被部署到商业环境中。但是，这并不意味着区块链技术同时会成为主流。我认为区块链技术要想成为主流技术，需要5—10年的时间”。①

目前数字资产公司已经得到了6 000万美元的融资。由于马斯特在华尔街的巨大名气，她的举动可能会促成区块链技术对传统金融行业的正向影响。

在《纽约时报》撰写专栏的男子

1971年，在美国艾奥瓦州的一个小镇上，一个小男孩降生了，谁也不知道，这个小男孩长大后将在世界上掀起的风云。他9岁开始接触计算机，在图书馆自学Basic（初学者通用符号指令代码）语言，和沃伦·巴菲特对峙，说比特币是来自火星的技术，他被誉为“互联网的点火人”。这个人就是我们要说到的第4个人物，在《纽约时报》撰写关于比特币的专栏的男子马克·安德森。

① 巴比特.数字资产CEO: 银行将在两年内应用区块链技术，但是成为主流需要5—10年[EB/OL]. (2016-04-07) [2017-05-18]. http://www.8btc.com/blockchain-in-banks-a-reality.

图 3–14　马克 · 安德森

图 3–15　从小自学Basic语言

我们先来简要说一下这位传奇人物的履历，马克·安德森虽然不像比尔·盖茨、乔布斯那么出名，但是他所走的每一步都和互联网的发展密切相关，我们可以从他的几次创业经历谈一谈。

在最初的十多年里，围绕在安德森身上的光环是“网景公司”——第一代浏览器的缔造者。1992年，安德森和小伙伴一起研发出了第一个加入图像元素的网页浏览器Mosaic。1993年，安德森和合伙人成立了网景公司。1995年，网景公司在纽约上市，市值一度达到29亿美元。24岁的安德森也因此在一夜之间成为亿万富翁。之后，由于IE浏览器（微软公司的网页浏览器）的兴起，1999年，网景公司被迫出手给美国在线，安德森的第一段创业经历结束了。

安德森的第二段创业经历也踩在互联网的风口上，他和合伙人创办了一家云计算公司，名为“Loudcloud”，不过2002—2006年，美国进入了互联网泡沫破裂的时代，风投公司不愿意资助互联网企业，2007年，该公司以16亿美元的价格出售给惠普公司。

之后，安德森又加入了Facebook（脸谱网）董事会，给Twitter（推特网）当时的CEO伊万·威廉姆斯当咨询顾问，2009年，安德森和本·霍罗维茨创建了安德森–霍罗维茨风投公司。

而马克·安德森与区块链的结缘也和这家风投公司有关，安德森–霍罗维茨风投公司投资了比特币交易平台Coinbase，比特币创业公司21Inc和区块链数据商TradeBlock。当然，这些远不能成为他被列为区块链领域风云人物的有力例证。

图3–16　安德森–霍罗维茨风投公司

在区块链行业，他多以爆炸性的言论和频繁的观点输出而闻名，每次发言都引得各路媒体疯狂转载。2014 年，他在《纽约时报》开设了专栏，并使用了一个大胆的标题“比特币为何重要”。他还在 Twitter 上随心所欲地与自己的关注者分享与比特币和区块链相关的新闻。

图 3–17 《纽约时报》专栏

2014 年，投资大师沃伦·巴菲特警告投资者远离比特币，将其称为“海市蜃楼”。对此，马克·安德森回应道：“老顽固对他们不懂的新技术从来都是瞎说一通。”这次观点碰撞引发了多国媒体的疯狂转载。而安德森在接受杂志采访的时候还说过这样的观点：“比特币就像是来自火星的技术。”同时，他也在多次采访中积极回应对比特币及其背后的区块链技术的看法。

图 3–18 “顶撞”巴菲特

可以说，这是一位有胆识、有魄力的意见领袖，他在比特币及区块链的对外普及中做出了很大的贡献。

想投资所有数字资产项目的大亨

接下来，我们将要讲述一位“画风清奇”的人物，闯荡江湖有一门独门绝技——“买买买”。网上时不时就会弹出这样的信息：某某区块链公司被买了，某某比特币公司被收购了，某某金融科技公司又被投资了……大多数时候，这些新闻的背后都有这样一个身影。

他就是巴里·希尔伯特，数字货币集团（DCG）的CEO。他的“采购清单”遍布全世界约20个国家，投资的公司约有60

图 3–19　巴里·希尔伯特

家之多。巴里·希尔伯特领导的数字货币集团是一家投资公司，而不是投资基金。

他说道："数字货币集团拥有投资公司、收购公司以及永久持有资本的权力，我们不是一个基金，不需要把资金返还给有限合伙人，而是在公司内部重新部署资本。我们的目标是加快一个更好的金融体系的发展。"[①]

图 3–20　全球投资版图

① 巴里·希尔伯特谈DCG在数字货币领域的投资策略[EB/OL].(2016–02–01) [2017–05–18]. http://www.okcoin.cn/t-1010622.html.

数字货币集团对区块链可谓情有独钟，投资的都是一些以区块链为重点的初创公司，早期的投资项目包括Ripple（世界上第一个开放的支付网络）、Coinbase和BitPay（比特币支付处理商）。同时，它还投资了全世界约15家比特币交易所，包括印度的Unocoin、韩国的Korbit、日本的BitFlyer、肯尼亚的BitPesa、马来西亚的BitX等，支持的币种达40余种。最近它又投资了一家利用区块链技术优化全球供应链的区块链公司Skuchain。

除了“买买买”之外，巴里·希尔伯特还是少数始终对比特币作为一种货币而感到兴奋的投资者之一，在英国“脱欧”时期，他曾表示：“比特币的表现完全可以被称为一种‘避风港资产’。”

对于各大传统金融巨头所表现的对区块链技术的热情，他表示：“我们对区块链被金融机构所采用感到很兴奋，无论它是不是比特币的区块链。但是，我们的热情依然集中在未来比特币将成为一种全球货币这件事上，这是我们的愿景。”

可以说，巴里·希尔伯特是比特币和区块链技术的“忠实信徒”，并用自己的行为“买买买”始终践行着自己坚定的信念。

图 3–21 比特币的“信仰者”

04

应用篇

待十年后，陪你看繁花似锦

或许你第一次听到区块链这个词是因为比特币，也可能是通过某个金融科技峰会，但是，不知道你有没有发现，区块链技术发展到今天，似乎所有行业都说自己和区块链有点关系。

我们正在积极探讨区块链技术，我们正在组建区块链实验室，我们的某位专家是区块链行业的“大牛”，他会带领我们用区块链的思维探索企业新的转型之路……诸如此类的话不绝于耳。似乎世界上的任何东西都能和区块链扯上关系，这究竟是抢风口还是真事实呢？

在本章中，我们将选取几个比较热门的领域和相关的案例，与大家分享一下“区块链+”这个词，看看区块链在不同领域都展现出了哪些不一样的风采。在论述中，我们将引用许多国内外的真实案例和行业专家的观点，相关的参考资料及来源我们会一一注明。

区块链+金融

如今，区块链作为一个现象级概念已经被众多政府、企业、机构认同，那么它最初是在哪里掀起“群体高潮”的呢？没错，就是金融行业。虽然说区块链技术在金融行业的应用并不成熟，目前也没有看到BAT（百度、阿里巴巴、腾讯三大互联网公司）级别的区块链金融巨头产生，但我们可以确定的是，随着越来越多的大型金融机构开展区块链项目实验并逐步取得成就，区块链必将对传统金融产生颠覆性的影响。我们甚至可以预测，区块链和大数据、人工智能一样，也是开启互联网金融新时代大门的钥匙。

在过去两年中，包括摩根大通、高盛集团、花旗银行等在内的超过 20 家全球顶级金融机构已经在区块链项目上投入了超过 10 亿美元的资金。据估计，2017 年，区块链方面的投资只会更多，仅当年一年就可能超过 10 亿美元。

区块链 + 银行

在大多数国家的现有银行系统中，所有银行都是通过中央的电子账本进行账目核对的。这是一个中心化的结构，越靠近中心的机构，权限越多，储存的数据量也越多。而为了维护这个中心化系统中所有数据的准确性，银行需要付出巨大的运营

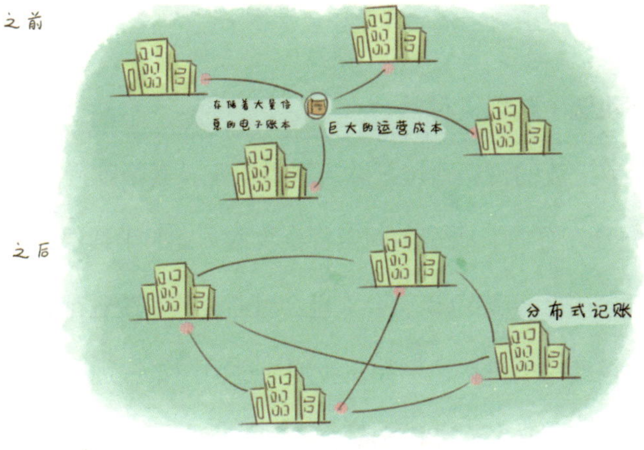

图 4–1　区块链 + 银行

成本。而凭借去中心化的特点，区块链技术可以为银行创建一个分布式的公开可查的网络，其中的所有交易数据是透明和共享的。利用区块链技术进行分布式记账可以削减无效的银行中介，节省很多运营成本。

目前，区块链技术已经被许多银行认可，多家银行成立了相关的区块链实验室，致力于利用区块链技术打造一个针对银行后台的终极改造工具。一份来自西班牙的报告称，如果银行内部全都使用区块链技术，在 2022 年以前银行每年都能节省 150 亿—220 亿美元的成本。

区块链+跨境支付

目前主流的传统跨境汇款方式是电汇，其汇款周期一般长达 3—5 个工作日，除了中间银行会收取一定的手续费，SWIFT（环球同业银行金融电讯协会）也会对通过其系统进行的电文交换收取较高的电讯费，例如在我国通过中国银行进行跨境汇款会被收取单笔 150 元的电讯费。

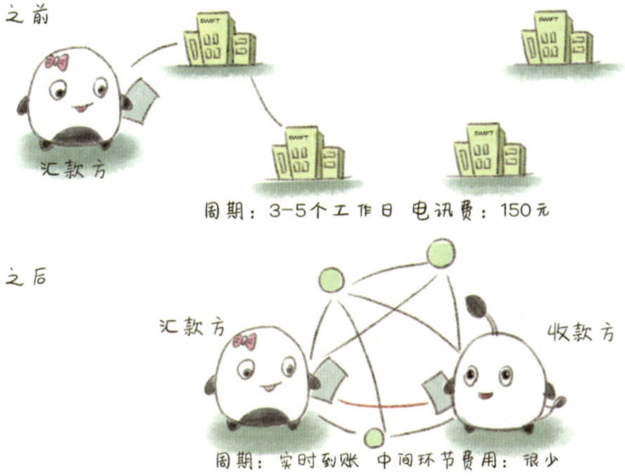

图 4-2 区块链+跨境支付

而使用区块链技术可以让汇款方和收款方直接进行支付、结算，省掉了所有的中间环节费用，使跨境支付结算能够点对点地快速完成，在提高清算速度的同时还可以实现全天候支付、实时到账、提现简便且没有隐性成本。根据麦肯锡的测算，在全球范围内，区块链技术仅仅在B2B（企业对企业）跨境支付与结算业务中便可使每笔交易的成本从约26美元下降到15美元。

区块链+供应链

供应链金融，简单地说，就是银行将核心企业和上下游企业联系在一起提供灵活运用的金融产品和服务的一种融资模式，也就是把资金作为供应链的一个溶剂，增加其流动性。

在如今的供应链金融体系中，一个特定商品的供应链包括从原材料采购到制成中间产品及最终产品，最后由销售网络把产品送到消费者手中，将供应商、制造商、分销商、零售商，直到最终用户串连成一个整体。①

图 4–3　区块链+供应链

---

① 供应链金融 (Supply Chain Finance) [EB/OL]. [2017–05–18].http://www.tceic.com/169959736i85ki3g86i2i522.html.

而区块链技术具有公开可查的特点，可以大大减少人工的介入，将目前需要纸质作业的各种流程都程序化和数字化。在区块链系统中，所有参与方都能使用一个去中心化的账本分享文件。通过智能合约，款项可以在达到预定的时间和结果时自动进行支付，在提高效率的同时，还可以在很大程度上避免人工操作的失误。根据麦肯锡的测算，在全球范围内，区块链技术在供应链金融业务中的应用能使银行减少操作风险所带来的1亿—16亿美元的损失。

区块链+信息

银行一旦建立起了自己的区块链，由于其具有不能篡改的特性，客户信息与交易记录被确认后便不受任何人为干预，也无法篡改。这有助于银行识别异常交易，防止欺诈行为的发生。

同时，银行还可以利用区块链技术建立一个分布式账本信息系统，以此检测和分析所有节点用户的交易行为，一旦有异常行为发生，系统就会发出报告，从而有效地防范欺诈、洗钱等违法行为的发生。

图 4–4　区块链 + 信息

区块链 + 证券

在证券领域，IPO（首次公开募股）和证券交易，需要长时间的第三方参与，这就导致股票的发行与交易不仅流程长，而且成本高。而利用区块链技术，投资者和机构可以在去中心化的交易平台上自主完成IPO、自由交易，不需要任何第三方的撮合或干预，并且可以24小时不中断运作。

图 4–5 区块链+证券

对券商及投行从业者来说，区块链的引入会使业务方向转型，弱化承销和资源获取能力，但强化为投融资客户提供专业证券咨询服务的能力。

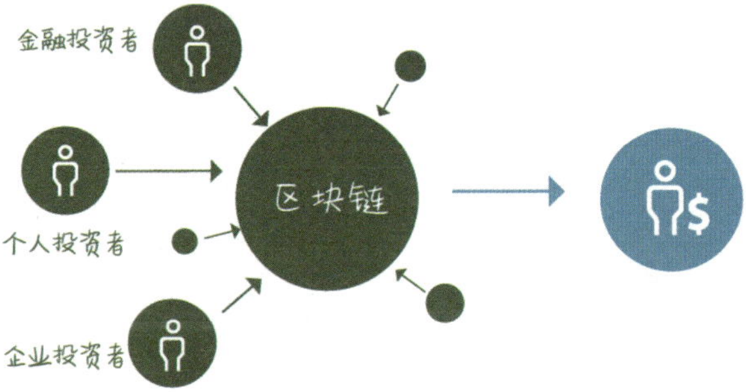

图 4-6　区块链股权众筹市场

区块链+保险

在传统的保险业务中，保险机构是核心部分，全面负责资金归集、投资以及理赔，这也导致其运营和管理成本十分高昂。

但是利用区块链技术，互助保险的模式就可以变为现实。其具体操作过程是，需要出险时，参与者直接将资金支付给病患，这样就可以避免第三方机构的介入。关于资金归集和分配的一切都变得公开透明，这将降低管理成本。对于保险机构来说，它们可以转型为保险咨询公司，从而避免直接承担风险。

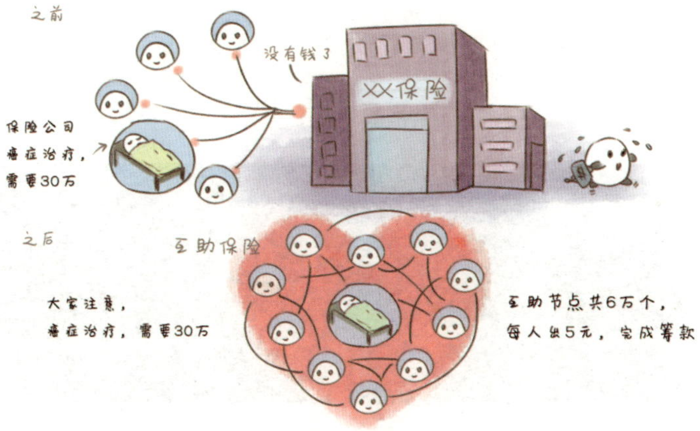

图 4–7 区块链+保险

案例一：OKLink

区块链热度飙升的背后，世界各国政府、大型金融机构、企业集团纷纷投入大量资源对区块链进行研究。OKCoin 币行旗下的应用 OKLink 是构建于区块链技术之上的新一代全球金融网络，也是中国首个商业化的区块链应用，它致力于推动全球价值传输效率，同时提升全球汇款用户体验。该应用目前已覆盖 20 多个国家和地区，包括中国、日本、韩国以及东南亚国家等。

主要客户是全球中小型金融参与者，包括银行、汇款公司、互联网金融平台等，每月交易额达到几千万美元。

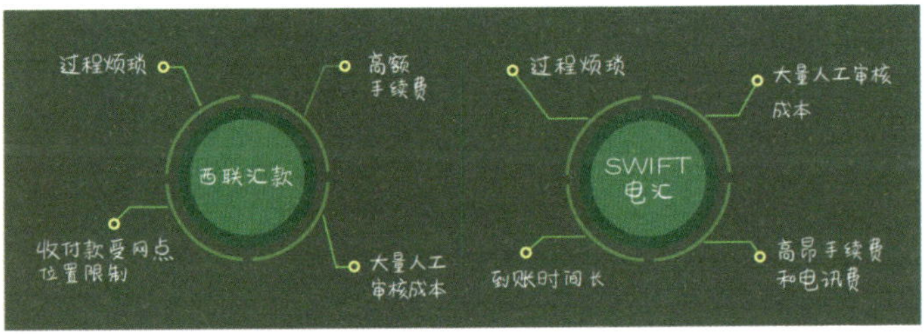

图 4–8 传统汇款方式

前文已经举例说明了传统跨境汇款方式的缺点：周期长、收费高。而基于区块链技术进行跨境汇款的OKLink可以在去中心化的机制下，使用户以更低的费用和更快的速度完成跨境转账。OKLink使用区块链技术让汇款方和收款方直接进行支付、结算，省掉了所有的中间环节费用，整个网络只在中间汇率的基础上收取不超过0.5%的费用，绝无其他隐藏费用，并且保证收款人能够收到约定的金额。

图 4–9 OKLink 跨境汇款模式

OKLink的合作方可以对其涉及的交易进行公开查询，所有交易均可溯源。OKLink使用的区块链技术能够确保交易不可伪造和篡改，其基于区块链打造的全球金融汇款网络可以实现支付即清算的实时结算，让国际小额汇款像发邮件一样简单、快速。

案例二：自动化对冲基金LendingRobot Series

位于西雅图的P2P借贷平台公司LendingRobot发布了自动化对冲基金LendingRobot Series。这种基金根据算法，制订了短期激进投资方案、短期保守投资方案、长期激进投资方案、长期保守投资方案等多种投资方案。

这种基金的主打特点是自动化管理，而与钱有关的、让人放心的自动化管理就一定离不开区块链这个概念。这款对冲基金每周都会发布一份详细的账本，详细到每一次交易的金额。每周的账本都有一个哈希值签名，并在以太坊区块链上获得验证，以确保数据不会被任何人篡改。

LendingRobot 的首席执行官伊曼纽尔·马洛特（Emmanuel Marot）说："所有投资者都知道'不要把鸡蛋放在同一个篮子里'的道理，但是真的做到却不简单，因为考虑投资方案是非常伤脑筋的复杂过程，而且要求投资者对某个领域非常了解。因此我们推出了LendingRobot Series，通过智能控制技术和区块链技术，让了解借贷投资价值的投资者，能够放心地在我们的平台上投资。"普通对冲基金的管理费率通常为2%，此外还收取20%的业绩报酬，而LendingRobot只收取1%的资产管理费，以及最高不超过0.59%的基金运营费，而且不收取任何的业绩报酬。[①]

① LendingRobot launches automated hedge fund secured by blockchain tech[EB/OL]. (2017-01-26) [2017-05-18].http://venturebeat.com/2017/01/26/lendingrobot-launches-automated-hedge-fund-secured-by-blockchain-tech/.

区块链+互联网管理

区块链技术在互联网安全管理及认证等领域也有很大的优势，被频繁地使用于社交网络、身份证、学历验证等方面，这一节我们将从一个比较具体的方面——身份证讲起。

当区块链遇见身份证，会产生怎样的化学反应？如果区块链世界有身份证，又会长什么样？下面，我们就来研究一个神奇的名词——“分布式智能身份认证系统”，也就是区块链世界的“身份证”。

身份证是一件神奇的东西，平时不显眼，离了它却又寸步难行。身份证是用于证明持有人身份的证件，我们住酒店、买车票处处都会用到它，一旦丢失、忘带、被盗用，简直就是一场灾难。

如果你还在担心身份证引发的各种问题，那么基于区块链技术的智能身份认证系统或许可以帮你消除困扰。属于你的区块链身份证会显示你的护照照片、在线头像，姓名下方有一个

图 4–10　身份证引发的问题

不可更改的密钥创建日期以及密钥标识，这张身份证上还分布着签名栏、专属二维码、交易编号以及哈希算法证明。

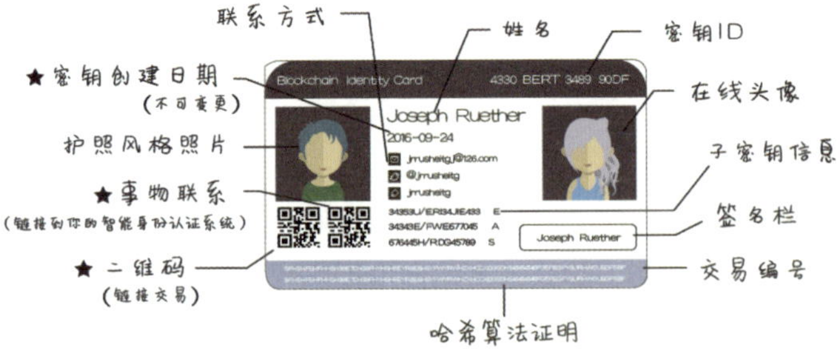

图 4–11　区块链身份证

下面详细介绍创建并使用区块链身份证的步骤，大体分为三步：

1. 取一个独特的名字

这样其他人就能找到你的区块链ID，只要你好好保存你的密码，那么没有人可以夺走你的名字。

2. 创建并确认你的个人档案

把你的区块链身份证和社会网络档案连接起来，证明这是你本人的区块链身份证并确认你的个人信息。

3. 开始使用你的区块链身份证

图 4–12　生成区块链身份证

把你的区块链身份证共享在你的网页、社交网络档案以及名片上，这样人们就可以很容易地在网上找到你了。

区块链身份证有两个优势：安全、便捷地解决信息丢失问题；永远不会丢失、永远不会被篡改。

图 4–13 区块链身份证优势

如果每个人都有一个区块链身份证，就相当于每个人都有一份完整、独特、记录了一生中每一笔交易的永久记录。在未来，区块链身份证可能不会一下子就将所有的社交等信息全部连接到一起，却很可能取代身份证、指纹、护照等身份识别工具。

当然，如果真的有一天，你拥有了区块链身份证，一定要妥善保管密钥，因为无论进行任何操作，都需要提供密钥来进入个人账户，而唯一的密钥只有你自己知道，所以一定要记得备份。

图 4–14　记录一生的区块链身份证

到那时，甚至虹膜识别等生物识别技术也许就根本用不到了，毕竟，黑客攻击一个系统首先要做的就是侵入，然后才能进行篡改。但是在区块链系统中，登录动作也是一笔“交易行为”。如果有人想要以冒名顶替的方式登录已经采用区块链技术的系统，就等于要在千亿台电脑上登录资料链，几乎没有成功的可能性。如果真的到了那一天，指纹或者瞳孔扫描之类的技术，都会变得不是那么必要了。

案例一：霍伯顿软件工程学院

2015 年 10 月，美国旧金山的霍伯顿软件工程学院宣布将利用区块链记录学生的学业完成情况，成为世界上第一个利用区块链认证学历证书的学校。

霍伯顿软件工程学院的联合创始人西尔万·卡拉什（Sylvain Kalache）称，学校理解招聘公司在辨别学历真伪时面临的困难，所以他们采用了区块链技术来认证学生的学位证。

卡拉什说：“对于雇主来说，他们不需要花很多时间打电话去大学或者找第三方机构确认求职者的学历。”同时，区块链还能帮助学校节省很多的人力和财力，省去了建立数据库的麻烦。卡拉什还说：“我们的学生非常乐意看到他们的学位证能够得到认证，他们同时也看到了这项技术的发展潜力。现在已经有很多公司投资开发区块链，学生们非常骄傲我们学校能够成为第一个这么做的。”①

案例二：加拿大身份认证和鉴定服务公司SecureKey

加拿大身份认证和鉴定服务公司SecureKey和加拿大数字身份验证委员会获得了美国国土安全局下属研究中心的资助，将共同开发区块链数字身份网络。

SecureKey正在开发一种被称为“三盲”（triple blind）的保密程序。安装这个程序后，如果某个人输入账号密码登录银行系统，银行方面是看不到这些数据的走向的，数据的接收方也不知道这些数据来自哪个银行或者哪个账户。同样，SecureKey对整个过程也是“失明”的。这就是所谓的“三盲”。

在采访中，SecureKey首席身份官安德烈·博伊森（Andre Boysen）说：“当今世界，每个公司都各行其是，数字身份系统搭建和运行的实现不可能靠单一个公司做到，要实现用户身份数字化可能需要一个城市的人口那么多的人力投入。”

---

① Holberton School Begins Tracking Student Academic Credentials on the Bitcoinblockchain [EB/OL]. (2016–05–18) [2017–05–18].https://bitcoinmagazine.com/articles/holberton-school-begins-tracking-student-academic-credentials-on-the-bitcoin-blockchain-1463605176/.

在当今这个技术飞速发展的世界，人们必须要找到值得信任的技术验证个人身份，防止身份盗窃问题的发生。SecureKey和加拿大数字身份验证委员会正在为创造这样的技术而努力。[①]

区块链+能源

每当我们谈到能源领域的商业模式，区块链这一名词便不断被提及。风口之下，区块链在能源领域充满想象空间，引领着“互联网+”智慧能源的发展趋势与潮流。这一节我们将摘取《区块链在能源互联网应用的前景展望》一文中的部分观点，同时加以简要说明。概括来说，区块链在能源领域的应用主要有三个方面：电力、生态系统和能源智能化调控。

电力

区块链的重要特征之一就是数据的不可篡改性，而区块链

① Canada’s SecureKey to Build a Blockchain Digital Identity Network with US Grant[EB/OL]. (2017–02–15) [2017–05–18].https://www.cryptocoinsnews.com/canadas-securekey-to-build-blockchain-digital-identity-network-with-us-grant/.

在电力领域的应用就和区块链的这一特点密不可分。区块链技术的使用使每一度电的“前世今生”都会被记录在区块链网络上：某度电于某年某月产生于某核电站，经过某条线路输送到了我的家里，我在使用了几个小时的灯泡后这度电消耗光了。

图 4–15　区块链+电力

未来，区块链+电力可能会有以下几种发展方向：

1. 让每一度电都有迹可循，从根源上杜绝偷电漏电现象的发生。当一切行为都被记录在一个不可修改的账本中时，无中生有或是突然消失都会作为异常情况被处理。

2. 与邻居交易剩余的电。我们现在的电力系统其实已经有一点智能化的影子了，购电和断电都可以经由一个智能化的电表来完成。而去中心化的区块链技术的使用甚至可以让你和隔壁的邻居交易剩余的电。未来我们可以针对每一度电建立一个数字映射关系，比如你在家里装了个太阳能发电器，每天能产生 1 度电，但你每天只能使用 0.5 度电，剩余的 0.5 度电就会归集到总网络中，隔壁的邻居想要用电的时候就可以直接选择与你交易。区块链让分布式的能源共享成为可能。

生态系统

区块链、物联网、大数据三者的结合可以打造出一个能源生态体系中的“乌托邦”。举个简单的例子，假设未来的某一天我们应用这三种技术建立起了一个能源生态系统，然后把设备供应商、专业运维服务商、使用设备的业主以及负责金钱流通和报价汇总的金融系统打包扔进这个系统做测试。接入这个系统的每一方都能得到一个此系统的查询密码，使用这个密码可以查询加密后的任何人接入系统后的任何动作，这样一来，这个系统中的四方或者说所有参与者就将形成一种交互监督、交互信任的关系。系统可以根据大数据分析直接计算出最适合业主的方案，并通过智能合约经由金融机构自主完成购买或者维修行为。

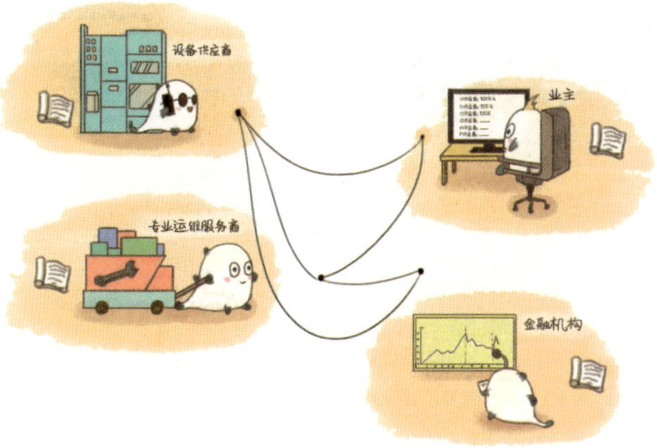

图 4–16　交互可信的生态系统

能源智能化调控

未来，通过区块链技术，可以实现能源智能化调控，智能设备与互联网信息可以经由区块链连接在一起。想象一下，某市区的摄像头捕捉到郊区某一输电设备突然异常断电，与其他相关节

图 4–17　能源智能化调控

点反馈的信息——比如报警器的鸣响或是某一区域灯光突然熄灭等对比并确认真实后，信息直接传递给维修总部，总部设备会根据智能合约的规则设定自动派出相应维修设备去往现场维修。智能化调控的时代会让我们的生活更加方便，更加安心。

案例一：能源传输项目 TransActive Grid

纽约的区块链创业公司LO3 与科技巨头西门子联手发展TransActive Grid项目，这是一个基于以太坊的能源传输项目。参与该项目的客户能够把剩余的电力卖给其他人。此前，LO3

公司获得了美国专利商标局颁发的去中心化能量传输专利。

西门子能源管理部CEO拉尔夫·克里斯蒂安（Ralf Christian）说：“我们相信，我们的微电网控制和自动化解决方案再加上合作伙伴LO3公司的区块链技术，将为我们公用事业领域的客户提供更多的附加值。”

两家公司共同表示它们将在纽约和世界其他地区测试由区块链供电的微型电网，希望在未来能将区块链微型电网扩展到世界各地。①

案例二：能源区块链实验室

2016年5月15日下午，全球首个能源区块链实验室正式成立。能源区块链实验室由4位创始合伙人创办。这家实验室主要从事的工作是自主研发区块链平台，为能源金融产品的开发、审核、登记、交易提供全流程的协作工具。

实验室创始人之一、信达证券能源互联网首席研究员曹寅

---

① Tech Giant Siemens is Now Working on BlockchainMicrogrids[EB/OL]. (2016–11–22) [2017–05–18].http://www.coindesk.com/siemens-blockchain-microgrid-lo3-ethereum/.

图 4–18　能源区块链实验室的目标

在接受钛媒体的采访时说："未来的储能，更可能是基于分享经济的储能。储能的利用率单体就是单个企业购买的储能的利用率，它其实是非常低的，因为不可能一天 24 小时都把储能利用起来，但在区块链技术之下，储能可以像滴滴和优步的出租车一样，周边的用户都可以通过使用权的分享，调用某用户名下的储能设施，然后基于储能的收益付使用费给储能的所有者。"[①]

① 全球首个能源区块链实验室成立 [EB/OL]. (2016–05–18) [2017–05–18]. http://news.bjx.com.cn/html/20160518/734100.shtml.

区块链+政府[1]

区块链具有去中心化、不可篡改、可信任、可追溯等特点，因此，区块链+政府也将引发一种新的时代变局。

基础信息保护

现今的政府信息系统采用的是怎样的模式呢？各下属部门的信息统一汇总至政府主管部门，主管部门有权调用各下属部门的信息。在这种模式下，黑客如果想要攻击政府的信息系统，只需要攻破中心路由就可以了，一旦黑客攻击成功，这一中心路由下储存的信息就很有可能全部泄漏、损坏丢失甚至被恶意篡改。

而将区块链技术应用于政府信息系统，系统的安全性将大幅提升。这样一来，所有的政府信息将分布式地储存在各个节点上，每个部门都有一个总账本，而且这个账本是经过哈希加

---

① 区块链在政府方面的应用初解 [EB/OL]. (2016–08–17) [2017–05–18]. http://guba.eastmoney.com/news,cjpl,534320286.html.

密的，不可窜改、无法泄露。这样，就算黑客成功攻破了单一节点，政府信息不会丢失也不会影响整个系统的运行，因为其他节点都保存着一个同样完整的账本。而且在区块链系统中，仅仅修改某一节点上的数据是没有用的，它无法得到全网的认可。

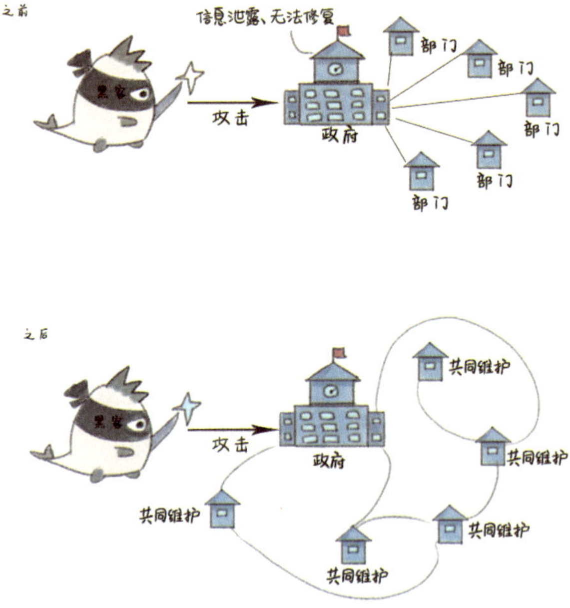

图 4–19　区块链 + 基础信息保护

公民身份认定

想要证明你已经结婚了？请去民政局办理结婚证明。想要证明你妈是你妈？不好意思，没有政府部门可以开具此种证明。可是某部门说如果没有这个证明我就无法办理接下来的手续。哦……请前往其他相关部门咨询办理。

可以说，公民身份的认证是政府工作重要的组成部分，但是大量公民身份认证工作需要耗费巨大的人工成本。而应用区块链技术，可以使每个人一生的所有信息都储存在自己的“地

图 4–20　区块链 + 身份认定

址”上，随用随取。而且因为区块链信息的不可篡改性，人们也不用担心自己拿出的证明是无效的。基于区块链技术的、得到全民认同的公民信息认证系统可以有效地减少社会资源的浪费，而且可以尽可能地保证信息的真实性。

政务信息公开

如今，全世界的政府信息都不能说是完全透明的，我们只

图 4–21　区块链+政务信息公开

能看到法令的实施结果，却并不知道它的形成过程，所以一旦法令出现问题、需要追责的时候，站出来的往往都是“替罪羊”式的人物，这就会导致一种只能接受、无从监督的局面。

应用区块链技术，可以让政务工作更加透明，可以使政策的实施不会受到外力的干扰，而政策的可追溯性则会让决策参与人更加慎重。

政府税收监管

图 4–22　区块链 + 政府税收监督

偷税漏税在全世界范围内都是一个重点问题，一部分企业或者个人通过伪造账目的方式达到避税的目的。应用区块链技术，可以从公司建立之初就建立一个分布式账本数据库，公司建立和运营过程中发生的每一笔资金流动都会在账本上体现，而且通过智能合约与其他公司的分布式账本数据库相互验证。每一笔账目都不可篡改且源头可追溯，这可以有效地杜绝偷税漏税的行为，而且一旦偷税漏税行为被查处，也会被永远记录在区块链上，无法抹去。

项目公开招标

在政府项目的招标中，一直存在亲近者得的现象，一个项目在满足预算要求的前提下由谁来实施可能很大程度上取决于投标企业与政府关系的好坏。企业投标之后只能等待结果，很多时候都不知自己为何落选，而且就算中标的不是自己，投标方案也有可能在后续建设中被使用，这个时候企业只能用也许就是凑巧来安慰自己。应用区块链技术，可以使所有投标信息透明化，有权限的人才可以调取相关记录，这可以从一定程度

图 4–23　区块链 + 项目公开招标

上遏制腐败的滋生。如果腐败记录永远保存在你的上司可以随时调看的“小本本”上，想必也就没有那么多人明目张胆地腐败了吧。

救助资金监管

很多人都愿意参加慈善事业，但是我们很难建立信任，慈善机构屡次爆出的腐败事件、公款挪用事件、作秀事件让我们

图 4–24　区块链 + 救助资金监管

对公益组织的信任度越来越低。而有时我们不适当的爱心也会成为社会的负担，比如我们把旧衣服按照网上搜到的地址捐赠到某个救济服务站，但其实这家服务站的旧衣服已经多的成灾，而有的服务站却连一件都没有。

使用区块链技术，可以实时监控个人捐款的流向，比如你于去年儿童节向某慈善机构捐赠了 1 元钱，区块链上的记录显示，这 1 元钱经过多次辗转最终变成了某留守儿童中心水果盘里的几粒葡萄。透明可查的捐赠让我们的爱心不会付之东流。

彩票网络发行

网络彩票在盛行一段时间后被紧急叫停，根本原因在于存在一些造假的商家。具体造假流程是这样的：你在网络上购买彩票后，商家并没有真正去到福利彩票中心购买一张真实的彩票，而是摇身一变，成了一家小型的博彩中心，如果你中了 2 000 元，那么平台会直接从自己的账户中划拨 2 000 元给你；如果你没中奖，那么你的 2 元钱就归商家所有。通过这种

图 4–25　区块链+彩票网络发行

方式，最终结算下来，不法平台还是挣钱的。但是存在这样一个问题——一旦你中了2亿元呢，平台给不起，那就只能跑路了。

区块链技术搭配智能合约可以解决网络彩票发行存在的造假问题。每一次购买行为都公开可查，彩票中奖后，智能合约会将钱自动打到彩票购买者的账户中。

案例一：爱沙尼亚政府的“电子居民”计划

爱沙尼亚政府计划面向全世界发行数字身份证，以帮助人们在爱沙尼亚管辖范围内开展网上交易。获得爱沙尼亚“电子居民证”的外籍人士并不会自动获得在爱沙尼亚境内的实际居住权，但是他们可以在网上与爱沙尼亚人进行贸易往来。

“电子居民”可以对证书、合同等文件在线设置数字签名、验证和加密。一旦开户完成后，爱沙尼亚的“电子居民”就可以通过电子银行遥控银行账户向世界任何国家转账汇款。[①]

---

① Estonian Government Partners with Bitnation to Offer Blockchain Notarization Services to e-Residents[EB/OL]. (2015–11–30) [2017–05–18].https://bitcoinmagazine.com/articles/estonian-government-partners-with-bitnation-to-offer-blockchain-notarization-services-to-e-residents-1448915243/.

案例二：Follow My Vote投票系统

Follow My Vote公司致力于利用区块链技术打造一种开源的、可审计的、安全高效的端对端投票系统，防止投票过程中出现安全漏洞。

投票者无须在投票站前排队等待投票，只需要在家中使用网络摄像头和政府颁发的身份证件就能完成投票。区块链的可审核特性，保证了所有选民都能看到实时投票情况；区块链的分布式账本能够保证每张选票都是匿名且不可篡改的。此外，每位选民都能通过他们的私钥和选民身份证随时更改他们自己的选票。

Follow My Vote公司的联合创始人兼首席技术官内森·乌尔（Nathan Hourt）认为纸质投票系统并不实用，撇开票数庞大很难统计的问题不说，统计票数完全依靠人工，这就要求票数统计员精确且诚实地进行统计。“这样一来，你就没办法查出安全漏洞到底在哪，也不能保证所有的纸质选票都能得到很好的保存，也不知道是不是有多余的选票混进来，或者有没有一部分选票被篡改。这种方式实际上将风险扩大了，票数越多，越容易发生骗选和腐败。”[①]

区块链+医疗

区块链技术的诞生，使得全员人口数据库和健康信息交易所变得落伍。区块链技术可以提升数据的安全性，节省显性及隐性成本。如果新的医疗记录方式成为现实，2016年年初的劣质儿童疫苗悲剧就再也不会发生了。

中投顾问在其发布的《2016—2020年区块链技术深度调研及投资前景预测报告》中把区块链技术在医疗领域的应用分为了以下几个方面：电子健康病例、“DNA钱包”、药品防伪和蛋白质折叠。[②]

---

① Block The Vote: Could Blockchain Technology Cybersecure Elections? [EB/OL]. (2016–08–30) [2017–05–18].https://www.forbes.com/sites/realspin/2016/08/30/block-the-vote-could-blockchain-technology-cybersecure-elections/#1097f71b2ab.

② 区块链技术在医疗领域应用分析[EB/OL]. [2017–05–18].https://wenku.baidu.com/view/d551f47a6529647d2628524f.html.

电子健康病例

我们在不同医院就诊时会被发放不同医院的病历，而各个病历之间是不相通的，如果患者不主动提供或者想不起来提供他在其他医院的过往病历，医院是无法获得的，这会在一定程度上阻碍诊疗的进行。而使用区块链技术，每个人的医疗数据都会保存在一个专属于自己的电子病历上。

图 4–26　区块链+电子健康病例

“DNA钱包”

基因和医疗数据可以通过区块链技术安全存储并通过私人

秘钥获得，这将形成一个“DNA钱包”。医药企业在进行药物研发时可以根据授权级别自动调取全网的相关数据，这对药物研发有很大的帮助作用。

图 4–27　区块链+“DNA钱包”

药品防伪

区块链技术在药品防伪领域的应用与前面提到的身份认证极为相似，都是利用区块链可追溯的特点，赋予药品原料与成品唯一的编码，使造假者无法钻空子，而生产假药唯一的结局就是查无此数据。

图 4–28 区块链+药品防伪

蛋白质折叠

蛋白质折叠的过程模拟起来十分费力，斯坦福大学先前依赖非常昂贵的超级计算机来模拟蛋白质折叠的过程，但这种方式的缺点很明显:花费巨大并且存在单点故障。

而利用区块链技术可以建立一个分布式网络协助折叠蛋白质。节点网络中的每个节点在进行运算时都可以调用全网的算力，当一万台计算机合力帮你计算一个数据的时候，也就无须购买昂贵的超级主机了。

图 4–29　区块链 + 蛋白质折叠

案例一：Guardtime与爱沙尼亚电子卫生基金会

数据安全初创公司Guardtime宣布与爱沙尼亚电子卫生基金会确立合作伙伴关系，利用区块链技术为100多万名患者的医疗记录提供安全的信息保障服务。

基金会将采用Guardtime公司的无钥匙签名基础设施，将医疗信息整合到基金会的Oracle数据引擎中，为患者提供实时可见的信息查询服务。患者的医疗记录也将被记录在区块链系统中。Guardtime公司的发言人在接受采访时表示："我们在保护敏感信息时，遇到的最大威胁来自黑客、恶意软件和系统问题，数据可能因此被篡改、删除，或者出现更新错误等情况。但是有了区块链的话，情况就大不相同了，我们可以保证数据的完整性，所有的改动都会被记录下来。”

电子卫生基金会的负责人认为Guardtime公司的技术能够帮助他们对健康记录进行实时观测：“它让我们能够对任何突发事件做出快速反应，防止出现大规模的损失。”①

案例二：Brontech的医疗服务平台

澳大利亚悉尼的初创公司Brontech正使用区块链技术搭建服务平台，提高医疗保健系统的可信度和安全性。该健康平台被称为Cyph MD，采用区块链技术实现医疗保健中的数据共享。Cyph MD利用非对称加密技术，也就是使用私钥和公钥对数据进行加密和解密。非对称加密技术与分级证书系统的结合，使得每家医院都可以为本医院的医护人员设置“身份令牌”，方便

① Blockchain Startup to Secure 1 Million e-Health Records in Estonia[EB/OL]. (2016–03–03) [2017–05–18].http://www.coindesk.com/blockchain-startup-aims-to-secure-1-million-estonian-health-records/.

医疗行业人员之间的沟通。

Brontech公司的创始人埃玛·波波萨（Emma Poposka）表示其公司正专注于身份识别模块的开发："我们正在努力创建一种像有防弹服保护一样的安全数字身份，而且所有人都能使用这个数字身份，甚至是那些在当地不具有合法身份的人。我们正在利用区块链技术开发一个多功能的身份平台，可以应用于不同的领域，其中一个是教育，另一个是医疗保健。"①

区块链+版权

版权热，区块链更热！经过《小时代》《致青春》《盗墓笔记》等一系列电影的狂轰滥炸，普通群众也知道版权这个概念了。我们都知道版权就是钱这个道理，换句话说，谁手上的版权多，谁的话语权就大。

---

① Australian Startup Cyph MD uses Blockchain Technology For Data Sharing in Healthcare[EB/OL]. (2016–08–09) [2017–05–18].http://www.the-blockchain.com/2016/08/09/australian-startup-cyph-md-uses-blockchain-technology-data-sharing-healthcare/.

重金之下，必有纷争。《夏洛特烦恼》被媒体爆出全片抄袭自一个美国老片，《芈月传》的作者和编剧都说版权是自己的，更别说随处可见的“一个版权供全球”的盗墓系列了。

图 4–30　区块链 + 版权

这些问题的根源，是版权的归属和保护问题，这是一个迫在眉睫的问题。之前很难解决，是因为维权成本太高，让原作者心力交瘁，如今有了区块链，该出手的时候就要果断出手了。

我们来看看如何利用区块链技术解决版权问题。首先便是宣布所有权，加盖时间戳。

创作者可以将自己的原创作品及相关协议上传至区块链，随后，将会生成一个与文件对应的哈希值。在之后的交易中，可以将文件的加密哈希值插入其中，当这笔交易被区块链矿工打包到一个区块后，该区块的时间戳就成为该文件的时间戳。这张哈希值+时间戳的数字证书将在一定程度上解决存在证明和作品时效性的问题。

其次，所有权跟踪，全过程追溯。

在所有涉及版权使用和交易的环节，区块链都可以从头到尾记录下来，从而实现全过程追溯，而且整个过程是不可逆且

图 4–31　版权难维护

不可篡改的。此外，区块链技术的应用还能在一定程度上解决无形资产确权和价值评估问题。

国内的社交出版平台“赞赏”甚至提出“版权在作品的创作过程中就应该被确权”。也就是说将一个未成型的、只有几百字的创意开始到作品成型的全过程记录下来，并且让作品从创意阶段就有可能被确权进入交易环节。

“赞赏”期望通过智能合约规范所有作品权利的行使与追溯，同时在作品创作过程中即引入版权服务商进行交易。

这可以被称作区块链的版权一条龙服务，从源头到产品，一旦确权便不可修改。我们可以设想一下，如果区块链版权证明大规模推广，那些抄袭者们也不会像如今这样猖狂。

利用区块链技术解决版权维护问题，看上去是一件很美的事情，但实际上它面临着三大挑战：

1. 区块链技术的商业化应用和大众化普及，就像如今流行的VR（虚拟现实），虽然概念已经脍炙人口，但普及率依然很低。

图 4–32　区块链技术在版权应用中面临的三大挑战

2. 与区块链技术相关的法律从提案到制定再到修订要走的路，并不比区块链概念普及的里程短，这就导致目前还没有一起成功利用区块链维权的版权大事件。没有法律依据，创作者们持有的区块链凭证便只是一个安心证明而已。

3. 哈希值的生成花费巨大。它是根据文件大小、时间、类型、创作者等计算出来的，单一因素的细微改变都可能引起最终结果的巨变，谁也无法预料下一个哈希值是多少，也没有更改它的软件。这就增加了过程成本，如果没有巨头愿意牵头做这样一个系统，推动区块链为版权保驾护航就不知道还要多少年才能实现。

案例一：Babyghost与BitSE

在2016年的上海时装周上，独立时装品牌Babyghost与上海区块链服务公司BitSE共同展示了20套服装新品。所有展示的服装都内附BitSE公司生产的VeChain芯片，观众只需扫描芯片，就能收到一条信息，显示这套衣服的“前世今生”。BitSE公司表示，如果有顾客购买了这套衣服，穿了一段时间后想卖出的话，他的购买和穿着信息也会在芯片上留下记录，传给下一位买家。[1]

案例二：区块链与音乐

2015 年 10 月，英国女歌手伊莫金·希普（Imogen Heap）将她的新歌《Tiny Human》发布在了以太坊的区块链上，用户只需将以太币存入其账户便可以获得MP3 音乐文件的使用权限。这在保证用户能够获得版权授权的同时，也使希普及其团队能够及时且直接地获取收入。[2]

区块链+物联网

如果说 10 年前选择互联网是坐上了动车的话，现在选择区块链+物联网就是坐上了火箭。万物互联是未来的发展趋势，比如我们最常见的家居智能系统使我们可以用一部手机远程控

① Babyghost and VeChain: Fashion on the Blockchain[EB/OL]. (2016–10–18) [2017–05–18].https://bitcoinmagazine.com/articles/babyghost-and-vechain-fashion-on-the-blockchain-1476807653/.

② Blockchain Going for a Song: New Tech Tunes Up Music Industry[EB/OL]. (2016–05–22) [2017–05–18].https://cointelegraph.com/news/blockchain-going-for-a-song-new-tech-tunes-up-music-industry.

制家中的所有电器。近年来，随着科技的飞速发展，物联网已经得到了加速进化。根据国际数据公司最新发表的一份统计报告，到 2020 年，全球物联网市场规模将增长至 3 万亿美元，而全球物联网设备将达到 300 亿台。

图 4–33　简易的物联网

如今十分火热的区块链技术可以在物联网中的设备之间建立低成本的连接，还能通过去中心化的共识机制提高系统的安全私密性。同时，区块链技术与智能合约的叠加能够把每个智能设备变成可以自我维护调节的网络节点，这些节点可以在事先规定好的基础上交换信息、核实身份，同时与陌生人进行交易。

下面以电缆网络为例进行说明。现有的电缆网络普遍存在安全隐患和浪费现象，想象一下，智能化的电缆桥架会有多么安全、方便和实惠。一旦智能电缆桥架遭遇雷击，它可以及时生成事故报告，并通知维修队携带适合的工具前往指定地点进行维修。同时智能电缆桥架还可以将信号传输任务暂时分配给附近的电缆杆，毕竟它们属于同一个网络。这样一来电信公司就无须花费高昂的现场检修成本，而且可以尽快恢复通信。

在区块链+物联网的世界里，每根电缆桥架都是有身份的，没有身份就无法参与运行。用于身份认证的区块链是智能电缆网络的核心，工程师会为每个设备（电缆桥架）设定独特的线路，然后把这个线路和身份一同存储在分布式账本中。

分布式账本可以保证这些设备只有在收到费用后才能继续运行。如果发生损坏，智能电缆网络会迅速反应，自动寻找新的线路，防止大面积的通信中断。

这只是一些有关电缆桥架的设想，如果你展开想象力，就

图 4–34　区块链+物联网

会发现，无论是最微小的传感器，还是巨大的机械设备，都可以连接到庞大的物联网中。

物联网的应用范围十分广泛，遍及智能交通、环境保护、政府工作、公共安全、智慧城市、智能家居、环境监测、工业监测、食品溯源等多个领域。物联网发展面临的最大挑战不是简单地建立一个去中心化的物联网，而是建立一个规模可以不断拓展的通用物联网，同时保证隐私、安全，使参与者无须建立信任便可进行交易。物联网中数以千亿计的参与者不都是值得信任的，有的甚至是恶意的，所以需要某种形式的验证和共识机制。

图 4–35　区块链与万物互联

可以预见的是，在未来，这个星球上的几十亿人和几千亿部机器全都会连接到一个区块链网络之中，人与机器、机器与机器之间的交流对话、交易、支付将成为现实。人类正向着商品和服务几乎免费的时代加速迈进，而区块链+物联网的世界，就是去中心化与协同共享的世界。

案例一：Filament

近日，美国区块链创业公司Filament完成了500万美元的

A轮融资，投资方分别为Bullpen Capital、威瑞森风投和三星风投。采用Filament公司基于区块链的堆栈，企业可以在不依赖中心化云和人工纸质办公的情况下，更加高效地管理采矿作业和水资源调动。

Filament公司的联合创始人兼首席执行官埃里克·杰宁斯（Eric Jennings）将Filament定义为一个去中心化的物联网软件堆栈，能够利用区块链技术在公共账本中记录设备的唯一身份。他说："通过创建智能设备目录，Filament将使物联网中的设备安全地沟通信息、执行智能合同和发送微交易。"

杰宁斯在接受媒体采访时表示："几乎所有公司都有这样一种担忧 ——'我的物联网战略是什么？'许多公司对它们本身所在的领域非常了解，但它们对于网状网络或区块链知道的很少，但是它们知道必须要与这些网络连接，提高效率，以免在行业发展中被踢出局。"①

---

① Filament Nets $5 Million for Blockchain-Based Internet of Things Hardware[EB/OL]. (2015–08–18) [2017–05–18].http://www.coindesk.com/filament-nets-5-million-for-blockchain-based-internet-of-things-hardware/.

案例二：IBM与三星

IBM（国际商用机器公司）宣布与三星合作开发ADEPT（去中心化的P2P自动遥测）系统，该系统使用比特币的底层技术构建分布式设备网络，即去中心化的物联网。IBM和三星选择了BitTorrent（文件共享）、Ethereum（智能合约）和TeleHash（P2P消息发送系统）三个协议支持ADEPT系统。

根据已公布的项目草案："将区块链概念应用到物联网世界将创造出无限的可能性。一旦产品完成装配，制造商就可以将其注册到通用区块链上，标志着该产品生命线的开始。一旦产品被售出，经销商或者消费者就可以在区域区块链（如某个社区、某个城市或者某个省）上注册该产品。"

草案撰写者解释道："我们向公众演示了如何使用ADEPT系统。一个普通的洗衣机可以成为半自主的智能设备，能够管理自身的消耗品供应，提供自助服务和进行自我维修，甚至还可以与其他家庭中和外部的对等设备进行沟通，自动优化运行环境。所有这一切都是在没有中央控制器编排或调解的情况下进行的。”①

区块链+农业

人与人之间的关系从互相信任开始，之后才会有接触交流及进一步的共同作业，最终促进人类共同的发展进步，而区块链完美诠释了这一关系。作为比特币的底层技术，区块链允许系统中多人参与记账过程，也就是说，每人都有一个完全相同的账本，但谁都不可以删除或修改账本内容，无论是机构还是个人。既然区块链的实用价值及透明度都较高，在我国这个农业大国，区块链能否与农业结合得相得益彰呢？

我国农业现状

1. 从农业生产经营形态来看，目前农业生产经营依然比较传统、粗放，靠天吃饭的局面没有根本改变；

① IBM Reveals Proof of Concept for Blockchain-Powered Internet of Things[EB/OL]. (2015–01–17) [2017–05–18].http://www.coindesk.com/ibm-reveals-proof-concept-blockchain-powered-internet-things/.

2. 从资源可持续发展情况来看，中国农业在生产过程中产生大量资源和能源消耗，致使生态环境破坏严重，直接影响生态安全、人民健康；

3. 从信息化程度来看，中国农业信息化、现代化进程还处于起步阶段，需要相关人士引入更多的先进技术，提升农业智能化水平；

4. 从食品安全角度看，法律约束、监管力度不够，以及部分企业、个人一味追求利益最大化等，导致中国食品安全问题

图 4–36　我国农业存在的问题

依然层出不穷，人们对食品安全机制缺乏足够的信任。[①]

基于我国农业现状，可与区块链技术结合的方向有两个：商品化与农业保险

1. 商品化与区块链：消费流程全透明。

生产商可运用互联网身份标识技术，将生产出来的每件产品的信息全部记录在区块链中，在区块链中形成某一件商品的产出轨迹。

举例来说，假如小王自产了10斤非转基因小麦，于是他在区块链上添加一条初始记录：小王于某日生产了10斤小麦。接下来，小王把这10斤小麦卖给了去集市赶集的小刘，于是区块链上又增加了一条记录：小刘于某日收到了小王的10斤小麦。之后，小刘把小麦卖给了城里的面包房，区块链上新增记录：面包房于某日收到了小刘的10斤小麦。接着，面包房把小麦做成了面包。最终，当消费者购买面包时，只需在区块链上查询

① “区块链+农业”落地不是梦[EB/OL]. (2016–10–28) [2017–05–18].http://www.hooshong.com/news/133309.html.

相关信息，就可以追溯面包的整个生产过程，从而鉴定真伪。

图 4–37　消费流程全透明

2. 农业保险与区块链：提升农业智能化。

将区块链技术与农业保险相结合，不仅可以有效减少骗保事件，还能大幅简化农业保险的办理流程，提升农业保险的赔付智能化。比如，一旦检测到农业灾害，区块链就会自动启动赔付流程，这样一来，不仅赔付效率显著提升，骗保问题也将迎刃而解。

图 4–38　提升农业智能化

案例一：沃尔玛的全球供应链

沃尔玛与IBM以及清华大学展开合作，在中国政府的协助下启动了两个独立推进的区块链试点项目，旨在提高供应链数据的准确性，保障食品安全。沃尔玛将区块链技术应用于全球供应链，成本将减少1万亿美元。此举不仅能够帮助中国更好地保障食品安全，更会为沃尔玛本身大幅度降低成本。

IBM全球供应链解决方案部门负责人解释道：“一旦这个试

点项目投入运行，沃尔玛将从中国的猪肉市场获得更为丰厚的利润。”

该试点项目目前处于起步阶段，共安排了三个测试节点，包括IBM、沃尔玛和一家不愿意透露名称的供应商。负责人表示，等到后期测试节点达到10个时，整个行业成本将减少“数十亿美元”。项目开展后，沃尔玛超市的每一件商品，都在区块链系统上完成了认证，都有一份透明且安全的商品记录。在分布式账本中记录的信息也能更好地帮助零售商管理不同店铺商品的上架日期。[1]

案例二：Filament的智能农场

根据Agfunder News（农业新闻网站）的报道，众多分布式账本农业解决方案正在兴起，包括创造出“智能农场”概念的Filament公司。在Filament公司的平台上，用户可以利用智能农场技术建造可靠的农场基础设施。所谓智能农场，就是一种可持续发展的农业生产模式，能够提高环境质量，整合科学技

[1] 沃尔玛联合IBM和清华大学打造区块链试行项目[EB/OL].(2016-10-20) [2017-05-18]. http://www.sohu.com/a/116621490_448077.

术与生物循环调节，通过农场运作创造经济价值。采用区块链技术的农场能够播报防篡改的气象数据、短信提醒、机械协议、GPS（全球定位系统）定位，并从其他相关平台上获取更准确的信息。

业内人士在解释区块链在推动农业经济发展中的潜力时指出：消费者对“干净”食品（包括有机食品）的需求急剧增加，但生产商和制造商通常很难保证从农场到餐桌这个生产流程中数据的准确性。在这个问题上，区块链可以提供很大帮助。此外，区块链技术在农业领域的实际应用还包括减少不公平定价、记录产品产地、减少进口农产品影响、发展本地化经济。在未来，区块链平台还可以帮助汇款到农村地区，提供农业金融解决方案。

区块链技术正向人们展示它改变全球市场和经济产业的潜力，农业领域将是其中之一。①

---

① Blockchain Will Transform the Agriculture Industry[EB/OL]. (2016–09–06)[2017–05–18].https://news.bitcoin.com/blockchain-agriculture-industry/.

区块链+慈善

近年来，慈善捐款已变得越来越普遍，但该行业仍然存在着多年运作累积的很多问题。在某些特定的情况下，这些问题也阻碍了人们奉献爱心。

慈善援助基金会最近发布了一份题为“捐赠链——慈善和区块链”的报告，探讨区块链技术如何影响慈善机构筹集资金和运营的方式。该报告称，区块链技术可以改变人们对慈善事业的贡献方式，改变慈善机构使用捐款的方式。

根据这份长达20页的报告，2016年美国慈善机构的收入超过了2万亿美元，其中3 730亿美元是慈善捐款。该份报告还分析了区块链技术在慈善领域的几种优势：

1. 降低交易成本

区块链上的交易是可以点对点完成的，你可以直接将钱捐赠给指定的人或机构，无须转手多家银行和机构，这将有效减少交易成本。

图 4–39　降低交易成本

2. 增加透明度

区块链技术可以使捐赠的环节更加透明，每一次捐赠都会直接记录在分布式账本数据库中，记录公开透明可查询且不可篡改，当然，你也可以通过账本追溯捐款的去向。

3. 增强信任

区块链技术可以使人们快速建立信任关系，消除了捐助者对第三方的需求，这意味着 2.0 版的慈善机构和非营利性机构将不再依靠其他机构，如银行、律师和政府实体等。

图 4–40　增加透明度

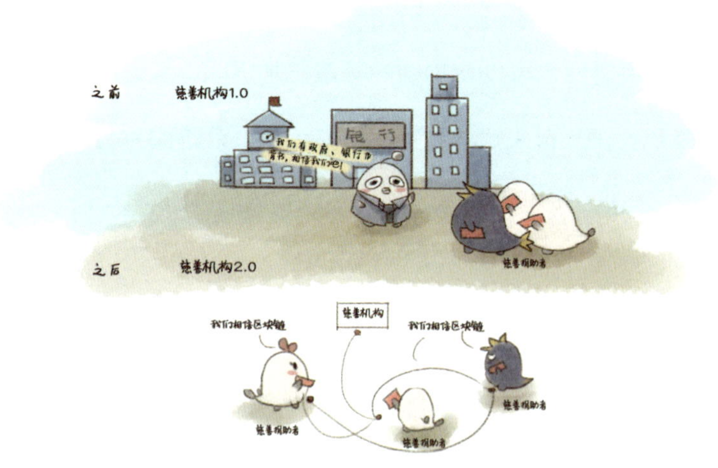

图 4–41　增强信任

案例：BitGive基金会

BitGive基金会自称是世界上第一个比特币非营利性组织。该组织与救助儿童会（Save The Children）和水资源项目（The Water Project）等非营利性组织建立了合作。

2016年3月，BitGive为肯尼亚西部的一所女子学校挖了一口水井，挖井的所有费用来自比特币社区捐赠的价值11 000美元的比特币。BitGive的负责人说："该井现在为500名肯尼亚人提供饮用水，如果没有这口井，他们就无法获得干净的水。可以说，这口井的作用是非常巨大的。"[1]

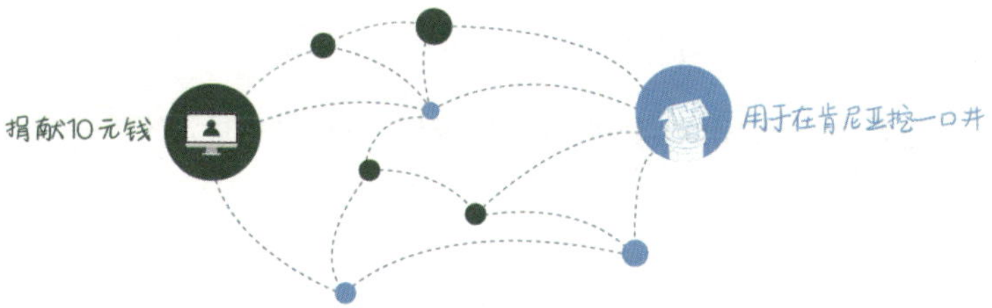

图4–42　区块链+慈善

① 区块链：慈善腐败的克星[EB/OL]. (2016–11–28) [2017–05–18].http://www.8btc.com/goodbye-corrupt-charities.

区块链+其他

区块链的应用其实非常广泛，凡是与互联网有关的行业即可与之有所关联，包括有一些人们意想不到的领域。

补充一些区块链与之相融甚欢的特色领域，参考如下：

区块链+社交网络

Taringa!是拉美地区最大的内容平台，其发布了一个收入共享项目Taringa! Creadores，用户可以通过在其中发布内容赚取比特币。

区块链社交平台Steemit发布了测试版本，利用自己的区块链和加密货币对发布内容以及参与投票和讨论的人发放奖励。

Yours是另一个建立在比特币区块链上的分布式社交网络，预计在2016年年底发布。[①]

① 2016年最具前景的五大区块链用例[EB/OL]. (2016-08-20) [2017-05-18]. http://www.8btc.com/five-ways-blockchain-2016.

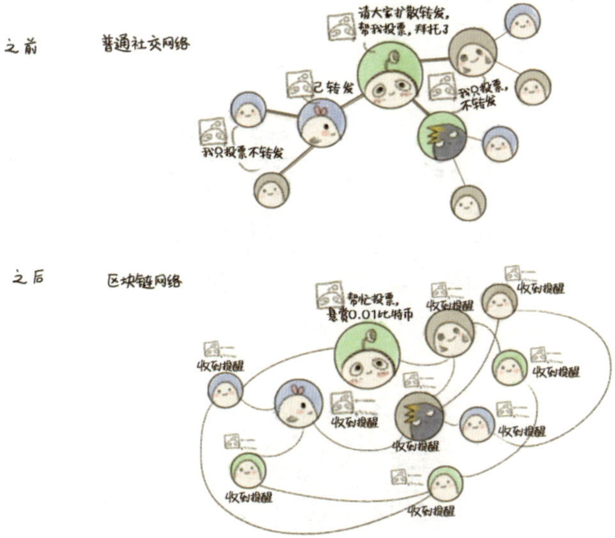

图 4–43　区块链+社交网络

区块链+游戏

Takara是一款基于地理位置的游戏，玩家可以在该游戏设定的地图中寻找比特币和其他有价值的东西，包括优惠券、入场券、忠诚度积分、公司股票等。为了获取这些“宝藏”，玩家必须亲自跟随GPS到达指定地点。以上所有的奖励都会被记录在比特币区块链上。①

图 4–44 区块链＋游戏

区块链＋火车票

当我们使用手机中的App（应用程序）购买车票时，信用卡公司会处理付费过程，并收取相应的手续费。但如果铁路公司采用区块链技术，便可以节省付给信用卡公司的费用，甚至还可以将整个购票系统搬到区块链上，实现购票透明化。

① 2016 年最具前景的五大区块链用例[EB/OL].(2016–08–20) [2017–05–18]. http://www.8btc.com/five-ways-blockchain-2016.

图 4–45 区块链 + 火车票

区块链 + 电子邮件

如果能利用区块链发送电子邮件的话，邮件传输将更安全，甚至还可以解决垃圾邮件泛滥的问题，因为对于发送垃圾邮件的人而言，向这样的安全体系寄出几百万封垃圾邮件，恐怕是一种极不划算的行为。因为在区块链的体系中，用以交换的信息会经过验证、编码、执行，最后成为一笔记录，储存在一个不属于任何人的分散式网络中。另外，如果寄送邮件的成本极低，或许大家会愿意为了更高的安全性、保密性和时效性而支付些许服务费用。

图 4–46　区块链 + 电子邮件

综上，我们不难看出，区块链技术几乎可以渗透生活的每一个角落。也许 20 年、10 年，甚至 5 年、1 年后，区块链会以光速融入人们的生活。也许你也不知道具体哪里运用了区块链技术，但它已无处不在，与你的生活融为一体。

05

装备篇

装备拿好，从懵懂不解到自如对话

区块链是一个非常新的行业，严格来说，我进入区块链行业的时间并不长。在了解区块链技术之前，我的认知大多停留在：哦，区块链，新概念，大会的热点嘛，金融科技领域的厉害技术。

在我了解区块链技术的最初阶段，大致干了两件事。第一件就是恶补区块链历史上的一些典型事件和时间，并将其记在执行日历上，目的是不错过任何策划热点。那是一个夜黑风高的夜晚，比特币过生日了，我却忘记给它做张海报庆生。于是，半夜起来赶工海报的时候，我“幡然悔悟”并迅速捡起了这部分知识。本章第一部分的内容多为历史事实，我最初整理的时候引用了许多巴比特网站和一些国外比特币论坛上的资料，写作本书时又做了一些删减和补充。

第二件事，就是渐渐通过百度和知乎了解到讨论与区块链有关的话题时经常提起的词汇。我和这些词汇的最初接触，应该是在一次OKLink的内部讨论会上。那时我刚加入不久，会上一群小伙伴说着一些我完全听不懂的中英文词汇，一场会议下来，我听得云里雾里。因此，在本章的第二部分我主要罗列了一些并不是很核心，却是我最初接触区块链时听到和被提及的词汇。

比特币简史：从何处来往何处去

1975 年 4 月 5 日　中本聪的生日

中本聪发布比特币白皮书的网站名为“P2P Foundation”，在该网站注册时有一个必须填写的项目：出生日期。而传说中的中本聪填写的日期就是 1975 年 4 月 5 日，当然，没有人知道这个信息究竟是不是真实的。

1982 年　拜占庭将军问题

拜占庭将军问题，是由莱斯利 · 兰伯特（Leslie Lamport）等人提出的，这是一个点对点通信中的基本问题。其阐述的内涵是，在存在消息丢失的不可靠信道上试图通过消息传递的方式达成一致性是不可能的。因此，对一致性的研究一般假设信道是可靠的，或不存在问题。而 2008 年出现的比特币区块链则解决了这个“历史遗留问题”。[①]

1	B	C	D
A	1	1	1

0	A	C	D
B	1	1	1

1	A	B	D
C	1	0	1

1	A	B	C
D	1	0	1

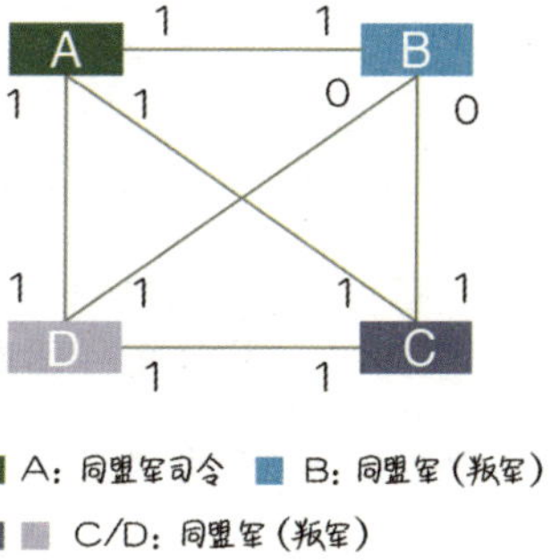

图 5–1　最简单的共识算法：拜占庭将军问题

1982 年　密码学网络支付系统

戴维·乔姆（David Chaum）提出了注重隐私安全的密码学网络支付系统，该系统具有不可追踪的特性，被认为是比特币区块链在隐私安全方面的雏形。

---

① 区块链技术演进史[EB/OL]. (2016–04–25) [2017–05–18].http://tech.hexun.com/2016–04–25/183507891.html.

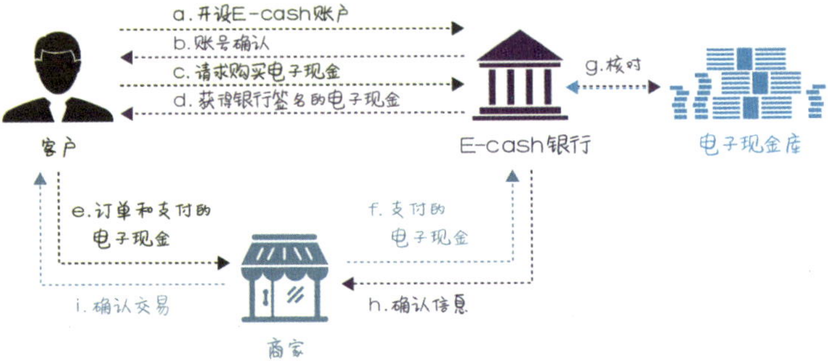

图 5–2　密码学网络支付系统

1990 年　Paxos 算法被提出

Paxos 算法也是莱斯利·兰伯特提出的，这是一种基于消息

	Backups	M/S	MM	2PC	Paxos
连续性	弱	最高		强	
交易	无	完全	本地	完全	
延迟	低			高	
吞吐量	高			低	中
数据丢失	很多	一些		无	
容错	向下	只读	读/写		

图 5–3　Paxos 算法与其他算法的对比

传递的一致性算法。Paxos 算法解决的问题是一个分布式系统如何就某个值（决议）达成一致。[①]

1991 年　使用时间戳确保数位文件安全

斯图尔特 · 哈伯（Stuart Haber）与 W. 斯科特 · 斯托尔内塔（W. Scott Stornetta）于 1991 年提出利用时间戳确保数位文件安全的协议，此概念之后被比特币区块链系统采用。

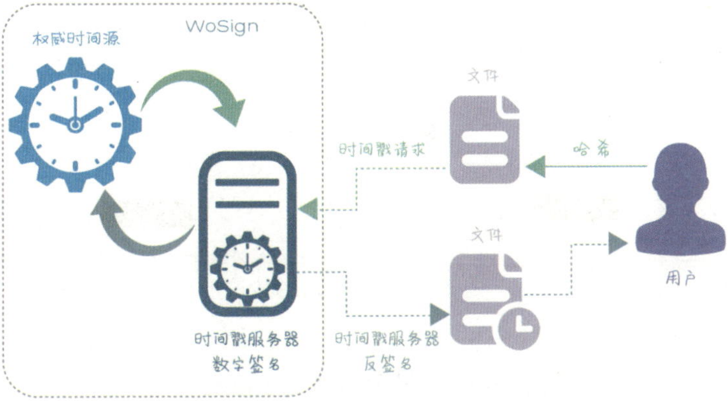

图 5–4　时间戳工作示意图

① 分布式一致性算法——Paxos [EB/OL]. (2016–06–27) [2017–05–18]. http://www.cnblogs.com/cchust/p/5617989.html.

1997年　哈希现金技术被发明

亚当·巴克（Adam Back）发明的哈希现金是一种PoW演算法，此演算法依赖成本函数的不可逆特性，从而实现容易被验证但很难被破解的特性，最早被应用于阻挡垃圾邮件。哈希现金之后成为比特币区块链采用的关键技术之一。[①]

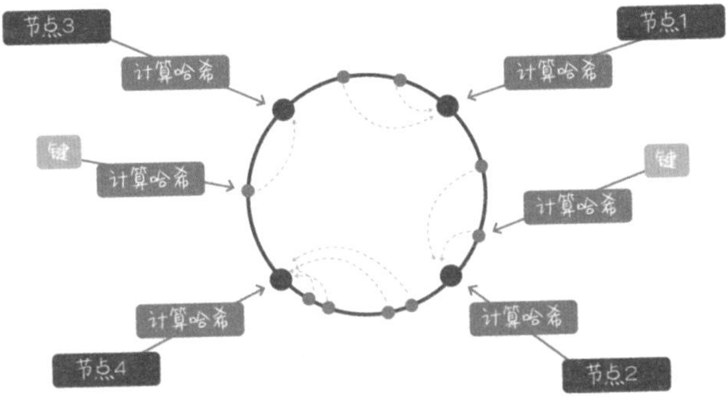

图5–5　哈希现金

1998年　分散式电子现金系统B-money

戴伟（Wei Dai）于1998年发表匿名的分散式电子现金系

① BTC电子货币系统背后的技术 [EB/OL]. (2013–12–20) [2017–05–18]. http://it.dataguru.cn/article-3986-1.html.

统B-money，引入PoW机制，强调点对点交易和不可窜改特性。同年，尼克·萨博发表了去中心化的数位货币系统Bit Gold，参与者可贡献运算能力解出加密谜题。后来，哈尔·芬尼提出RPoW（可重复使用的工作量证明机制），将B-money与亚当·巴克提出的哈希现金结合起来创造了密码学货币。

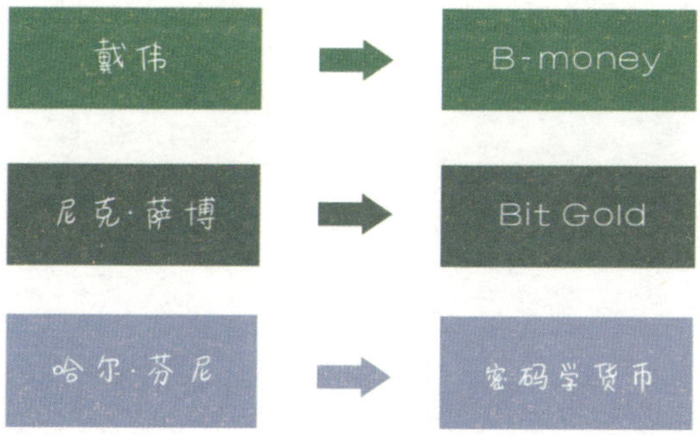

图 5–6　电子货币

2008 年 11 月 1 日　比特币白皮书发布

中本聪首先在《比特币：一种点对点的电子现金系统》（*Bitcoin: A Peer-to-Peer Electronic Cash System*）一文中提到了比特币。

2009 年 1 月 4 日　创建“创世区块”

北京时间 2009 年 1 月 4 日 02:15:05，中本聪创建了比特币世界的第一个区块——“创世区块”，新版本的比特币系统将它设定为 0 号区块，而旧版本的比特币系统将它设定为 1 号区块。

交易

交易时间	2009-01-04　02:15:05
所属区块	0

图 5–7　创建“创世区块”

2009 年 1 月 11 日　比特币客户端 0.1 版发布

2009 年 1 月 11 日，中本聪发布了比特币客户端 0.1。这是比特币历史上的第一个客户端，它意味着更多人可以挖掘和使用比特币了。

图 5–8　比特币客户端 0.1 版发布

2009 年 1 月 12 日　第一笔比特币交易

2009 年 1 月 12 日，中本聪将 10 枚比特币发送给开发者、密码学活动分子哈尔·芬尼。这是比特币历史上的第一笔交易。

区块 #170

时间	2009-01-12　11:30:25
难度	1.000
交易数	2
总转出量	100 比特币
奖励	50 比特币

图 5–9　第一笔比特币交易

2009 年 10 月 5 日　1 美元=1 309.03 比特币

最早的比特币与美元的汇率为 1 美元=1 309.03 比特币，由一位名为“新自由标准”（New Liberty Standard）的用户发布。一枚比特币的价值计算方法如下：由高 CPU（中央处理器）利用率的计算机运行一年所需要的平均电量 1 331.5 千瓦时，乘以上年度美国居民平均用电成本 0.113 6 美元，除以 12 个月，再除以过去 30 天里生产的比特币数量，最后除以 1 美元。

1.00 美元	=	885.91 比特币	10/13/2009
1.00 美元	=	907.40 比特币	10/12/2009
1.00 美元	=	867.02 比特币	10/11/2009
1.00 美元	=	892.52 比特币	10/10/2009
1.00 美元	=	833.02 比特币	10/09/2009
1.00 美元	=	922.27 比特币	10/08/2009
1.00 美元	=	952.02 比特币	10/07/2009
1.00 美元	=	1 130.53 比特币	10/06/2009
1.00 美元	=	1 109.03 比特币	10/05/2009

图 5–10　比特币的汇率

2009 年 12 月 30 日　比特币挖矿难度首次增长

为了保持每 10 分钟 1 块的恒定开采速度，比特币网络进行了自我调整，挖矿难度变得更大。2009 年 12 月 30 日，比特币挖矿难度首次增长。

区块 #32255

时间	2009-12-30　13:58:59
难度	1.000

区块 #32256

时间	2009-12-30　14:11:04
难度	1.182

图 5–11　比特币挖矿难度首次增长

2010 年 7 月 12 日　第一次价格剧烈波动

2010 年 7 月 12—16 日，比特币汇率经历了为期 5 天的价格剧烈波动时期，从 0.008 美元/比特币上涨到 0.080 美元/比特币，这是比特币汇率发生的第一次价格剧烈波动。

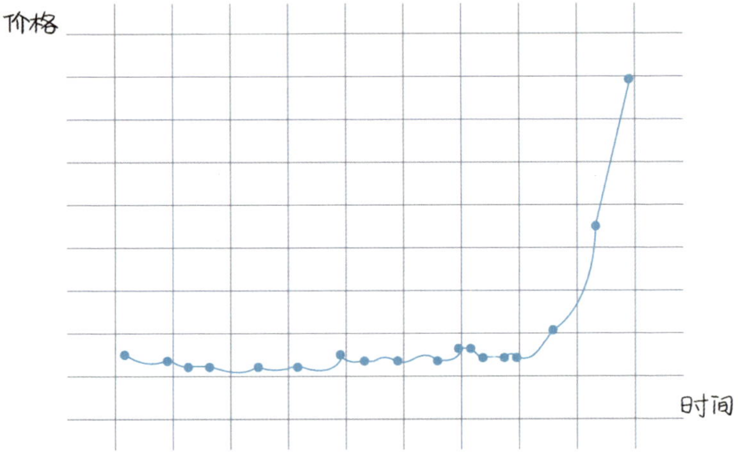

图 5–12　第一次价格剧烈波动

2010 年 7 月 12 日　GPU 挖矿开始

由于比特币的汇率持续上升，积极的矿工们开始寻找提高计算能力的方法。专用的图形卡比传统的 CPU 具有更多的能量。据称，矿工 ArtForz 是第一个成功实现在矿场上用个人的 OpenCL（开放运算语言）GPU（图形处理器）挖矿的人。①

① 比特币的五年历程(全文更新完) [EB/OL]. (2016–08–13) [2014–01–08]. http://8btc.com/thread-2603-1-1.html.

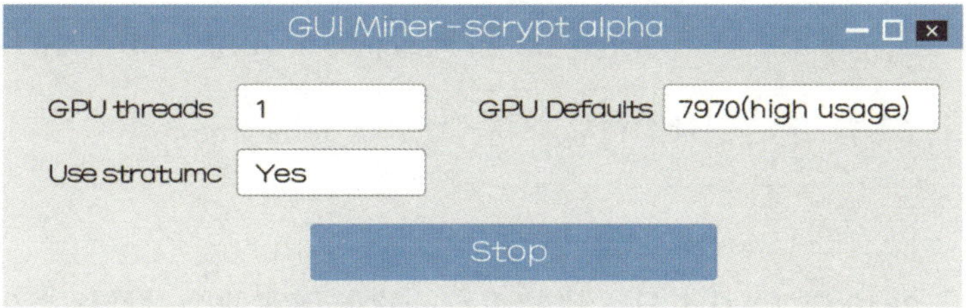

图 5–13 GPU挖矿

2010 年 8 月 6 日 比特币网络协议升级

比特币协议中的一个主要漏洞于 2010 年 8 月 6 日被发现：交易信息未经正确验证，就被列入交易记录或区块链。这个漏洞被人恶意利用，生成了 1 840 亿枚比特币，并被发送到两个比特币地址上。这笔非法交易很快就被发现，漏洞在数小时内修复，非法交易被从交易日志中删除，比特币网络协议也因此升级至更新版本。[①]

① 协议漏洞产生 1 840 亿枚比特币 [EB/OL]. (2010–08–15) [2017–05–18]. http://www.8btc.com/184-billion-bitcoins.

2010 年 10 月 16 日　第一笔托管交易

比特币论坛会员Diablo–D3 和 Nanotube于 2010 年 10 月 16 日进行了第一笔有记录的托管交易，托管人为theymos。

2010 年 12 月 5 日　比特币第一次与现实的金融社区产生交集

在维基解密泄露美国外交电报事件期间，比特币社区呼吁维基解密接受比特币捐款以打破金融封锁。中本聪表示坚决反对，认为比特币还在摇篮中，经不起冲突和争议。

2010 年 12 月 16 日　比特币矿池出现

采矿成为一项团队运动，一群矿工于 2010 年 12 月 16 日一起在slush矿池挖出了它的第一个区块。根据其所贡献的工作量，每位矿工都获得了相应的报酬。此后的两个月间，slush矿池的算力从 1 400 Mhash/s 增长到了 60Ghash/s。[①]

---

① 比特币：数字时代的“挖矿”江湖[EB/OL]. (2017–03–03)[2017–05–18].http://www.fx361.com/page/2017/0303/922619.shtml.

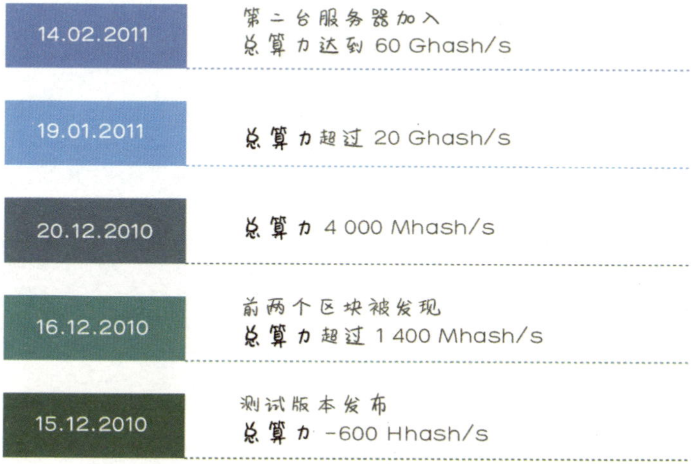

图 5–14　比特币矿池出现

2011 年 6 月 20 日　Mt. Gox出现交易漏洞

世界上最大的比特币交易网站Mt.Gox（也作MtGox）于北京时间2011年6月20日午夜挂出了令人震惊的行情，1比特币只卖1美分，而此前的正常价格在15美元左右。Mt.Gox一方面号召用户赶紧修改密码，另一方面宣布这一反常时段内的所有大单交易无效。

2011 年 6 月 29 日　比特币电子钱包

比特币支付处理商BitPay于 2011 年 6 月 29 日推出了第一个用于智能手机的比特币电子钱包。同年 7 月 6 日，一个免费的比特币数字钱包App现身安卓应用商店，这是第一款与比特币相关的智能手机和平板电脑App。该App由布兰登·伊利斯（Brandon Iles）研发。[①]

2011 年 7 月　比特币悬案

2011 年 7 月，当时世界第三大比特币交易所Bitomat宣布，他们丢失了wallet.dat文件的访问权限，也就是说他们丢失了代客户持有的 17 000 枚比特币。

2011 年 11 月 10 日　比特币 POS（销售终端）研制成功

比特币POS与互联网相连，由一个 128 × 64 像素的背光单色显示器、收据打印机，以及一个 24 键的键盘组成，此外还包

① BitPay推出比特币电子钱包[EB/OL]. (2011–06–29) [2017–05–18].http://www.8btc.com/bitpay-launches-e-wallet.

括一个USB（通用串行总线）接口，可以连接QR（快速反应）条码扫描仪。[①]

图 5–15　比特币POS界面

2012 年 8 月 14 日　芬兰中央银行承认比特币的合法性

2012 年 8 月 14 日，当一名芬兰广播电视台的记者询问一名芬兰中央银行的代表比特币具有哪些法律地位时，该代表回复说："我们并没有做出任何比特币能够兑换官方货币的保证。像比特币这样不受（政府）管理的虚拟货币不存在这样的保证。"

① 比特币销售终端 (POS) 研制成功 [EB/OL]. (2011–11–10) [2017–05–18]. http://www.8btc.com/bitcoin-pos.

记者接着问道："难道比特币不合法吗？"代表回应道："根本不是这么一回事，人们可以使用任何他们喜欢的货币做投资。毕竟芬兰是一个自由的国度。"

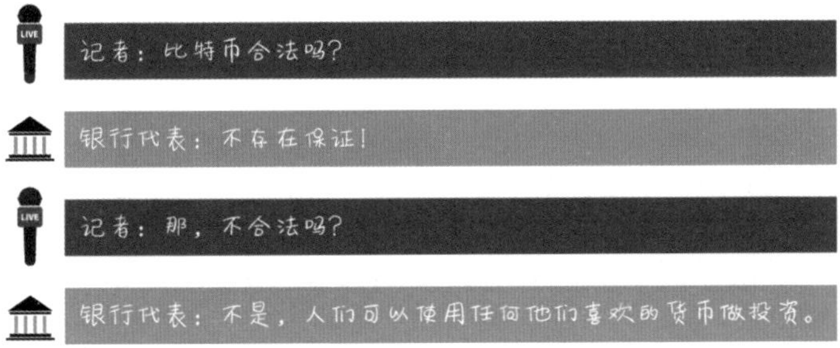

图 5–16　芬兰中央银行承认比特币的合法性

2012 年 9 月 27 日　比特币基金会成立

为了实现规范、保护和促进比特币发展的目标，比特币基金会成立了。该基金会对于媒体和企业发起的符合相关法规的查询具有重大的意义。

2012 年 11 月 28 日　区块奖励首次减半

比特币挖矿的奖励从之前的每 10 分钟 50 枚比特币减至 25 枚比特币，区块#210000 是首个奖励减半的区块。

图 5–17　区块奖励减半

2013 年 10 月 25 日　FBI 成为比特币新富豪

海盗罗伯茨的传奇生涯可能要画上句号了，FBI（美国联邦调查局）控制了其账户上的 144 000 枚比特币，并将这些比特币转移到了 FBI 控制的比特币地址上。[①]

---

① FBI 得到丝绸之路的比特币 成为新首富[EB/OL]. (2013–10–25) [2017–05–18].http://www.8btc.com/fbi-ross-ulbricht-2.

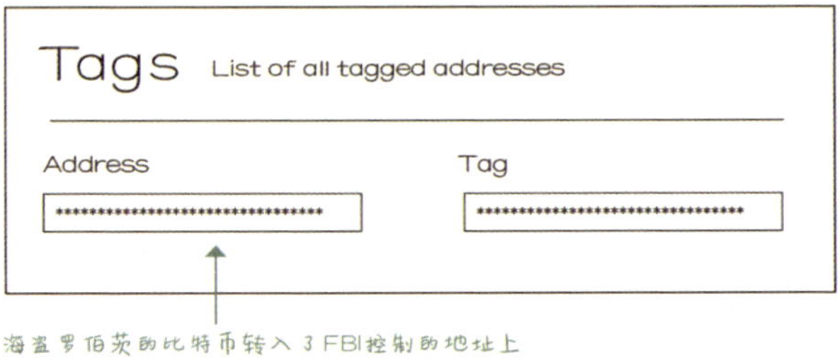

图 5–18 FBI成为比特币新富豪

2013 年 11 年 29 日　比特币价格首度超过黄金

2013 年 11 月 29 日，比特币在Mt.Gox上的交易价格达到 1 242 美元/比特币，同一时间的黄金价格为 1 241.98 美元/盎司，比特币价格首度超过黄金。

图 5–19 比特币价格首度超过黄金

2013 年 12 月 5 日　中国五部委发通知

2013 年 12 月 5 日，中国人民银行等五部委发布《关于防范比特币风险的通知》，明确比特币不具有与货币等同的法律地位，不能且不应作为货币在市场上流通使用。通知发出后，当天比特币的单价大跌。

2013 年 12 月 18 日　比特币单价暴跌

2013 年 12 月 18 日，中国两大比特币交易平台比特币中国和OKCoin发布公告，宣布暂停人民币充值服务。随后，比特币

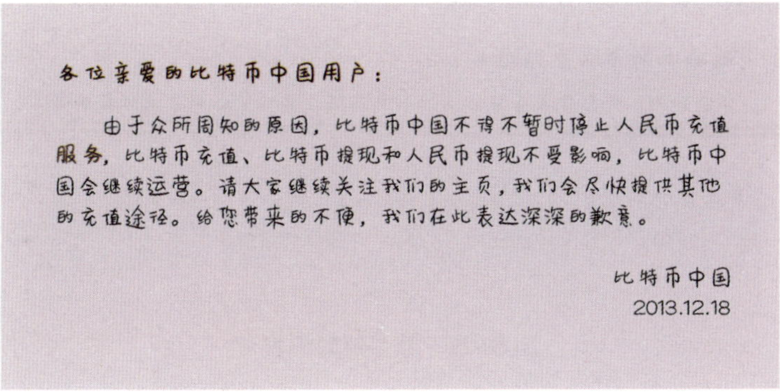

各位亲爱的比特币中国用户：

由于众所周知的原因，比特币中国不得不暂时停止人民币充值服务，比特币充值、比特币提现和人民币提现不受影响，比特币中国会继续运营。请大家继续关注我们的主页，我们会尽快提供其他的充值途径。给您带来的不便，我们在此表达深深的歉意。

比特币中国
2013.12.18

图 5–20　比特币单价暴跌

的单价跌到了 2 011 元人民币。[①]

2014 年 7 月 9 日　波兰财政部确认比特币作为一种金融工具

2014 年 7 月 9 日，波兰财政部副部长沃伊切赫·科瓦尔奇克（Wojciech Kowalczyk）发布了一个文件，确认了比特币在波兰现有的金融法规下可作为一种金融工具。

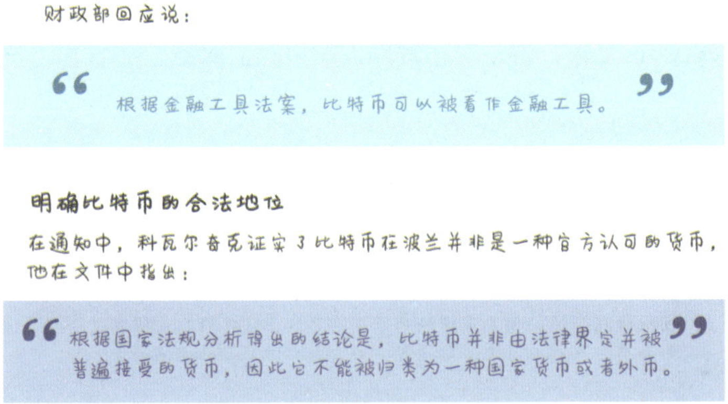

图 5–21　波兰财政部发言

---

① 比特币退出中国？交易平台暂停人民币充值[EB/OL]. (2013–12–19) [2017–05–18].http://www.kejixun.com/article/201312/27153.html.

2014 年 7 月 12 日　法国发布比特币新规

2014 年 7 月 12 日，法国经济和金融部门表示将在当年年底对比特币和其他数字货币的金融机构和个人使用者实施监管措施。“虽然目前虚拟货币的体量不可能对经济体系产生影响，但这些非官方的货币正在发展，并且存在非法或者欺诈的风险。”

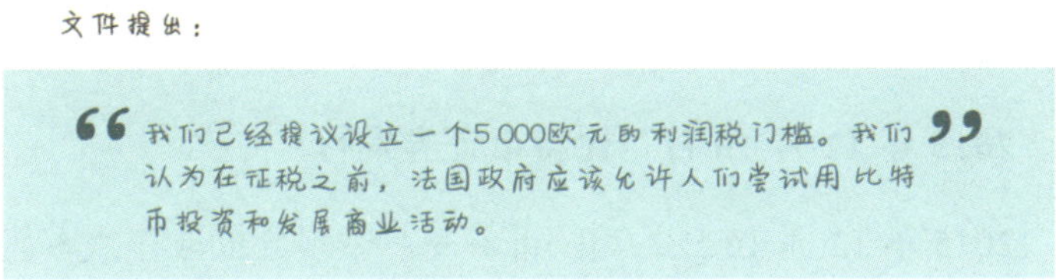

图 5–22　法国发布监管新规

2014 年 12 月 11 日　微软接受比特币支付

全球计算机巨头微软于 2014 年 12 月 11 日宣布接受比特币作为一种支付选项，允许消费者用比特币购买其在线平台上的各种数字内容。根据微软官方商店的支付信息页面，美国的消费者可以用比特币为他们的微软账户充值。[①]

2015年10月22日　欧盟对比特币免征增值税

欧盟法院于2015年10月22日裁定，对于比特币及其他虚拟货币的交易将免征增值税。这一决定对于比特币交易群体而言，将是一次重大的胜利，因为这意味着，他们在接下来的虚拟货币交易中，将无须缴税。[②]

2015年12月16日　比特币证券发行

2015年12月16日，美国证券交易委员会批准在线零售商Overstock通过比特币区块链发行该公司的股票。据Overstock提交给证券交易委员会的S–3申请，该公司希望通过区块链发行最高5亿美元的新证券，包括普通股、优先股、存托凭证、

① IT巨头微软将比特币列为支付选项[EB/OL]. (2014–12–11) [2017–05–18]. http://www.8btc.com/microsoft-adds-bitcoin-payments-xbox-games-mobile-content.

② 欧盟法院裁定数字货币交易将免征增值税 [EB/OL]. (2015–10–22) [2017–05–18].http://www.8btc.com/bitcoin-is-exempt-from-vat.

权证、债券等。[①]

2016年4月5日　OpenBazaar上线

去中心化电子商务协议OpenBazaar的开发者于2016年4月5日发布其首个正式版本软件。OpenBazaar能够让点对点的数字商务成为可能，并使用比特币作为一种支付方式，类似于一个去中心化的“淘宝”。[②]

2016年5月25日　日本认定比特币为财产

日本参议院于2016年5月25日批准了一项监管国内数字货币交易所的法案，法案将比特币归类为一种资产或财产。

2016年6月　民法总则划定虚拟资产保护范围

第十二届全国人大常委会第二十一次会议于2016年6月在

---

① Overstock或通过区块链技术发行最高5亿美元新证券[EB/OL].(2015–12–16) [2017–05–18].http://www.btc38.com/btc/altgeneral/8982.html

② 4月4–10日这周数字货币圈都发生了什么大事？[EB/OL].(2016–04–10) [2017–05–18].http://mt.sohu.com/20160410/n443807602.shtml.

北京举行，会议首次审议了全国人大常委会委员长提请的《中华人民共和国民法总则（草案）》议案的说明。草案对网络虚拟财产、数据信息等新型民事权利客体做出了规定，这意味着网络虚拟财产、数据信息将正式成为权利客体，比特币等网络虚拟财产将正式受到法律保护。①

2016 年 7 月 20 日　比特币奖励二次减半

第 420000 个比特币区块已被开采完毕，区块奖励于 2016 年 7 月 20 日迎来了第二次减半，成功降至 12.5 比特币。由于之前的减半发生在第 210000 个区块，当时的货币通货膨胀率从 12.5% 下降到了 8.3%，而此次奖励减半发生在第 420000 个区块，将通货膨胀率降至 4.17%，所以接下来的奖励减半将发生在第 630000 个区块，时间约为 4 年之后。②

① 法律保护虚拟财产公告[EB/OL]. (2016–06–29) [2017–05–18]. http://www.cnfla.com/gonggao/50131.html.

② 比特币产量成功迎来第二次减半，价格波动剧烈[EB/OL]. (2016–07–10) [2017–05–18].http://www.8btc.com/halving_megathread_block.

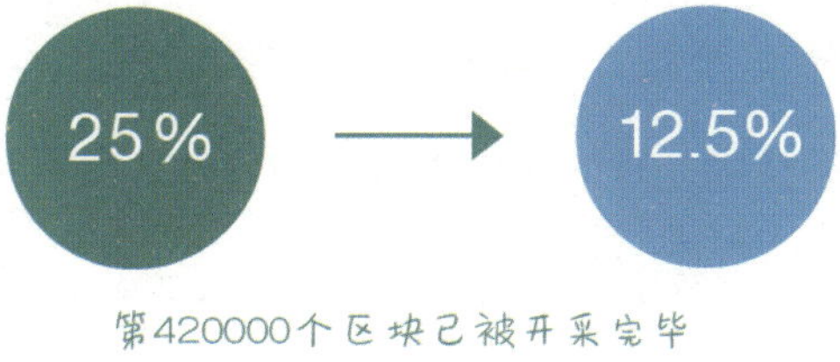

图 5–23　比特币奖励二次减半

2017 年 2 月　中国央行数字货币试运行

中国央行或将成为全球首个发行数字货币并将其投入真实应用的中央银行。据悉，央行推动的基于区块链的数字票据交易平台已测试成功，由央行发行的法定数字货币已在该平台试运行。[①]

区块链词条：人手必备拿好不送

区块链

这个词可以说是必备词汇了，很多人更倾向于叫它的英文

① 央行数字货币真的来了 业界点赞同时仍有问题待解 [EB/OL]. (2017–02–09)[2017–05–18]. http://www.cs.com.cn/xwzx/jr/201702/t20170209_5172817.html.

名字：blockchain。而在最近的一次投票中，它又被“公投”成了“公信链”，不过目前为止提到最多的仍然是区块链。它是比特币的底层技术，是一个去中心化的分布式账本系统。区块链与人工智能、大数据并称金融科技的三大巨头。

比特币

这个词差不多是区块链领域中被提及最多的了。比特币是区块链技术的第一个落地应用，最早是一种P2P形式的网络虚拟货币，但是在很多国家，它已经可以购买现实生活中的物品了。如今，比特币已发展成为根据中本聪的思路设计发布的开源软件以及建构其上的P2P网络。

中本聪

这是一个在探索区块链领域的过程中必然会遇到的词汇，它是一个人名，是比特币的开发者兼创始人。2008年，中本聪在一个讨论信息加密的邮件组中发表了一篇文章，勾画了比特币系统的基本框架。2009年，他为该系统建立了一个开放源代码项目，正式宣告了比特币的诞生。当比特币渐成气候时，中本聪却悄然离去，从互联网上销声匿迹。许多比特币的“纪念日”都和中本聪有关。

数字货币

区块链最初的应用形式就是数字货币。数字货币是电子形式的替代货币，数字金币和密码货币都属于数字货币。它不能完全等同于虚拟世界中的虚拟货币，因为它经常被用于真实的商品和服务交易，而不仅仅局限在网络游戏等虚拟空间中。目前全世界共有数千种数字货币。

PoW

当热爱学习的你想要再深入一点了解区块链的原理时，这个词一定会出现。PoW，也就是工作量证明。比特币在区块的生成过程中使用了PoW机制。一个符合要求的区块哈希值由N个前导零构成，零的个数取决于网络的难度值。要得到合理的区块哈希值需要经过大量的尝试计算，计算时间取决于机器的哈希运算速度。[①]

公钥和私钥

在有关区块链的话题中，我们还会经常听到这两个词汇：公钥和私钥。这就是俗称的不对称加密方式，是对以前的对称加密（使用用户名与密码）方式的提高。

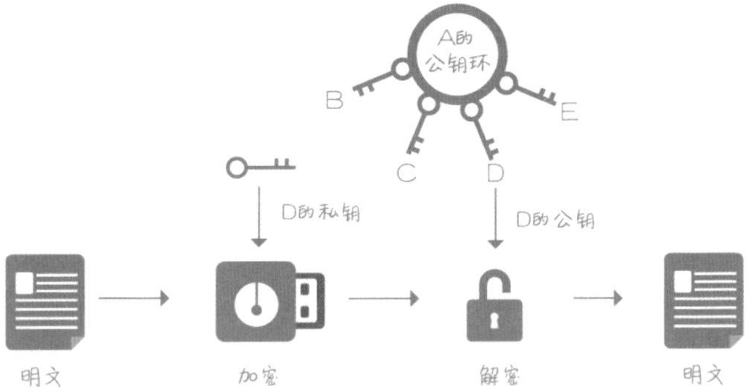

图 5–24　不对称加密

在比特币系统中，私钥本质上是由 32 个字节组成的数组，

① 比特币原理 [EB/OL]. (2014–01–26) [2017–05–18].http://blog.csdn.net/autumn84/article/details/18782533.

公钥和地址的生成都依赖私钥，有了私钥就能生成公钥和地址，就能够使用对应地址上的比特币。

哈希值

这个词在比特币的世界中可以说是无处不在，哈希算法将任意长度的二进制值映射为固定长度的较小二进制值，这个小的二进制值就是哈希值。哈希值是一段数据唯一且极其紧凑的数值表示形式。哪怕只更改一段明文中的一个字母，随后产生的哈希值都将千差万别。要找到对应同一哈希值的两个不同的

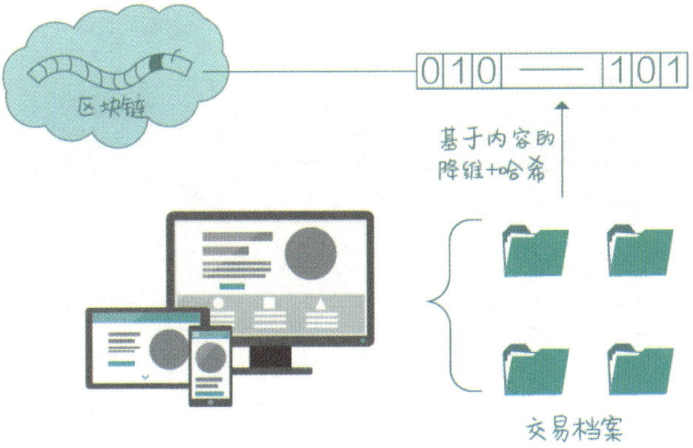

图 5–25　区块链的降维 + 哈希

输入，从计算的角度来说基本上是不可能的。[①]

公有链和私有链

业内人士总会被问及这样的问题：听说你对区块链“一知半解”，来来来，帮我分分类，这个应用是公有链还是私有链？

公有链是指全世界任何人都可读取、任何人都能在其中发送交易信息且交易能够获得有效确认、任何人都能参与共识过程的区块链——共识过程决定哪个区块可被添加到区块链中，也能让参与者明确当前状态。公有链通常被认为是完全去中心化的。而

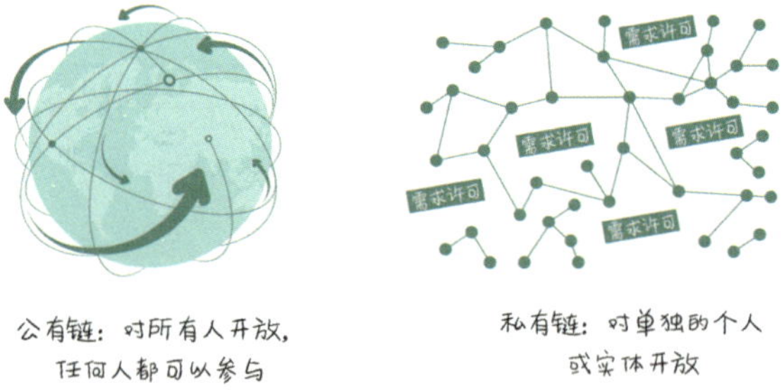

图 5–26　公有链和私有链

---

① Hash值是什么[EB/OL]. [2017–05–18].http://product.pconline.com.cn/itbk/software/dnwt/1504/6325876.html.

私有链是指其写入权限仅在一个组织手中的区块链。

概括来说，公有链对所有人开放，任何人都可以参与；私有链只对单独的个人或实体开放。[①]

区块和链

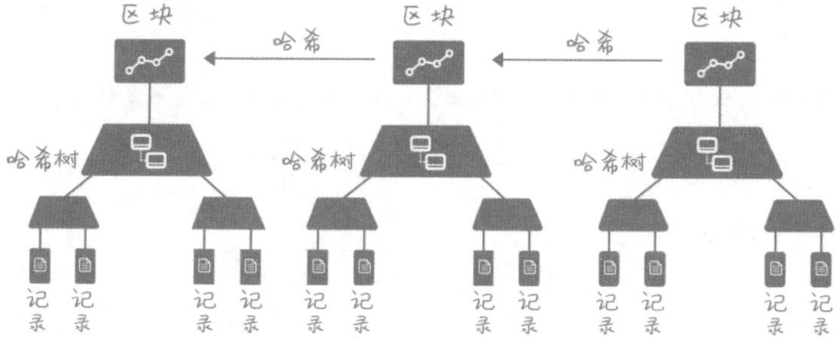

图 5–27　区块和链

区块指的是信息块，每个区块都包含三个要素：本区块的ID；若干交易单；前一个区块的ID。

比特币系统大约每 10 分钟就会创建一个区块，其中包含了

① 全面认识区块链：公有链vs私有链[EB/OL]. (2016–08–09) [2017–05–18]. http://www.weiyangx.com/199778.html.

这段时间里全网范围内发生的所有交易。每个区块中也包含了前一个区块的ID，这使得每个区块都能找到它之前的那个节点，这样一直倒推就形成了一条完整的交易链条。从诞生之初至今，全网形成了一条唯一的主区块链。

智能合约

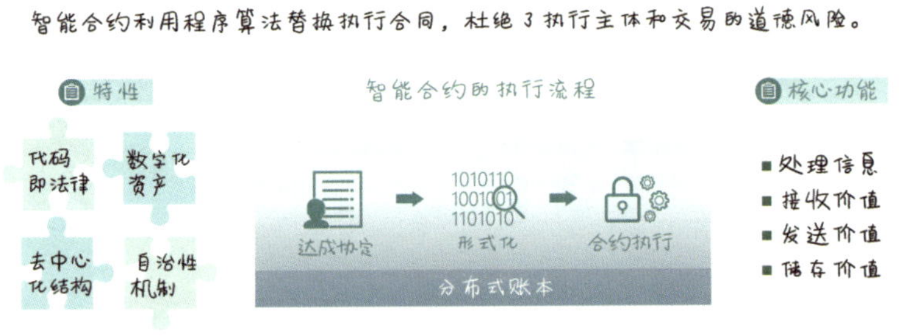

图 5–28 智能合约

智能合约也是我们时常听到的词汇，而且听起来似乎可以理解又不可以理解，按照字面意思来看，就是一个自动自觉执行的、有点聪明的合同吧。

智能合约的发明者尼克·萨博将其定义如下："一个智能合

约是一套以数字形式定义的承诺，包括合约参与方可以在上面执行这些承诺的协议。”①

信用共识

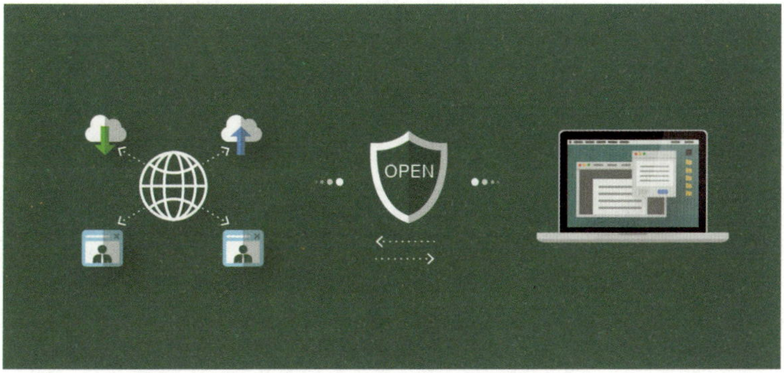

图 5–29　区块链信用共识

这个词多次出现在有关区块链的报道和会议上。只要被问到区块链能干什么、区块链为什么会改变世界、区块链有什么用这些问题时，信用共识这个词就会出现。

区块链的分布式结构以及基于数学算法的低成本信任机制，

① 什么是智能合约？ [EB/OL]. (2014–12–14) [2017–05–18].http://www.8btc.com/ what-are-smart-contracts-in-search-of-a-consensus.

为金融领域相关问题的解决和优化提供了一种新思路和路径。目前经济社会中的信用环境比较弱，信用成本比较高，而区块链技术提出了一套成本较低的信任解决方案，对促进信用经济的发展具有重要意义。

R3

R3 区块链联盟涵盖了 70 多家全球顶尖金融机构，包括来自中国的中国平安集团、招商银行、中国外汇交易中心、民生银行等 4 家传统金融机构，目标是打造金融机构的私有区块链系统。

2016 年 5 月，R3 开始为旗下的分布式账本联盟寻求 2 亿美元的 A 轮融资，R3 自身持股 10%。随后，R3 将目标融资金额下调到 1.5 亿美元，R3 自身持股升至 40%，剩余 60% 股份，则计划主要向联盟 42 家初始会员银行募集，其后，7 家银行选择退出融资。继 R3 宣布将其开发的区块链平台 Corda 开源后，包括高盛在内的一些成员退出了 R3 联盟。①

---

① 融资激化 R3 区块链联盟分歧 高盛、摩根斯坦利、摩根大通等 7 家银行退出 [EB/OL]. (2016–11–29) [2017–05–18].http://www.sohu.com/a/120161115_115035.

致 谢

本书的写作得到了很多热心朋友的帮助，我们不仅获得了来自数字货币、区块链行业内部的支持，很多活跃在互联网、金融领域前沿的资深人士和领导也给予了全方位的帮助。

一项新兴的技术得到社会广泛的认可和应用需要漫长的时间，就像一个个体想要融入集体之中，需要证明自己的价值，这种价值不需要独立于系统之外的自证，而是务必对集体共同利益及生态有正面的推动作用，区块链技术也必须证明这一点。

科普，这是第一个难点。区块链技术是去中心化的分布式账本。单是这句话，就会让很多读者合上这本书了。面对面谈话的时候，当你说出这句话，可以明显看到对方的眼神飘忽了，能听你滔滔不绝地说上20分钟以上的，就算是感情深的朋友了，一定要好好珍惜。然而这项技术并没有大家想象的那样晦涩难懂、不易理解。

相反，你大可不必研究它的代码构成，你只需要知道，有了这项技术生活体验将发生怎样的变化。这就是我们科普区块链技术的本意。当变化来临时，将头埋在沙子里并不能解决任何问题。令人欣喜的是，在科普和推广区块链技术这条艰难的路上，我们有很多同伴。首先要感谢的是中国金融博物馆理事长王巍老师，他为我们提供了悉心帮助。

王巍老师创立了中国金融博物馆，将其丰富的人生经验和对金融行业的激情注入金融启蒙工作之中，使博物馆立足当下，参与未来。中国金融博物馆成功举办了许多有关区块链技术的线下沙龙活动。本书从创作之初就得到王巍老师的鼓励和支持，他还在百忙之中为本书作序，我们在不胜感激之外深感任重而道远。

融合，这是第二个难点。用新兴的技术解决传统领域的痛点，提升劳动力及资本运转的效率，这是区块链技术发展的动力和使命。而我们常见的“颠覆”“传统行业已死”这类惊悚的标题，大多是为了博人眼球。区块链和互联网相同，都是底层技术，脱离应用层谈技术就是纯粹的“耍流氓”。受益于互联网技术的发展，人们在衣食住行上的体验都大幅提升。区块链技术可以让其中一些体验更加优化。

例如利用数据可追溯、不可篡改的特点，未来人们将在食品溯源及艺术品证伪方面拥有全新的体验。利用智能合约和数据储存的特点，未来人们将在医疗数据的跨平台应用及数据隐私方面取得长足的进步。这些改变与传统行业的初衷并不相悖，如果社会秩序是一个应用的话，区块链技术就相当于一个升级的补丁，你只需要轻点“同意”按钮，体验立刻升级。在舆论和信息不透明机制的影响下，很多传统行业对新兴技术略有一些抗拒和抵触。

然而我们又是幸运的。在推动技术发展的过程中，我们感受到中国传统行业日益开放的态度。传统金融机构、研究机构、各大知名高校不断向我们抛来橄榄枝，要求交流和沟通。这种沟通是相互促进的。我们的老朋友，中信出版集团就一直秉承着用知识改变世界的初衷，不遗余力地帮助我们进行区块链技术的推广工作，在此我们也致以诚致的感谢。

世界是变化的，有人恐惧这种变化，有人接受这种变化。保持开放的态度，对新鲜事物给予一定的容纳空间，你的人生总归更有趣一些。新兴技术带来的改变就像暴风雨敲击着你的安乐窝，如果你想假装听不见，那你可以心安地合上本书。